为了人与书的相遇

Paul Pelliot
伯希和传

Philippe Flandrin

[法] 菲利普 · 弗朗德兰　著

一梧　译

广西师范大学出版社

· 桂林 ·

Les Sept Vies du mandarin français : Paul Pelliot ou la Passion de l'Orient
Philippe Flandrin

图书在版编目(CIP)数据

伯希和传 / (法) 菲利普・弗朗德兰（Philippe Flandrin）著；一梧译.
—桂林：广西师范大学出版社, 2016.10

ISBN 978-7-5495-8763-6

Ⅰ. ①伯… Ⅱ. ①菲… ②一… Ⅲ. ①伯希和（Pelliot, Paul 1878–1945）–传记
Ⅳ. ①K835.655.4

中国版本图书馆CIP数据核字(2016)第221114号

广西师范大学出版社出版发行

桂林市中华路 22 号 邮政编码：541001
网址：www.bbtpress.com

全国新华书店经销

发行热线：010-64284815

山东泰安新华印务有限责任公司 印刷

开本：880mm × 1230mm 1/32

印张：9.875 字数：205千字 图片：19幅

2017年1月第1版 2017年1月第1次印刷

定价：48.00元

前言：归还？道歉？

1984年夏，正当毛泽东思想在中国的影响逐渐褪淡之际，我参观了位于甘肃和新疆交界处的敦煌千佛洞。敦煌是古丝绸之路的重要一站。洞窟入口处有一块介绍牌，上面揭露了一个名叫伯希和的法国人犯下的“罪行”。此人在1908年“殖民主义鼎盛时期”通过贿赂看守道士劫掠了敦煌藏经洞，带走三千册汉文、印度文、藏文、吐火罗文、希伯来文写本和手卷，以及木板画、彩幡、白画、彩绘、雕塑等。这些出自7—11世纪优秀艺术家、文学家、哲学家和僧人之手的作品堪称艺术和考古瑰宝，价值不可估量。其中最有名的莫过于中国著名僧人玄奘的作品。伯希和的行径简直是十足的盗窃。

我回到法国后，开始了解这个被中国管理员称为“强盗”的人的有关情况。我猜想他应该在某个阴暗的监狱里度过余生，但事实并非如此。在巴黎，我了解到这位保罗 · 欧仁 · 伯希和（Paul Eugène Pelliot）曾获得法国荣誉军团勋章，是法兰西学院院士（académicien）和法兰西公学（Collège de France）教授。他是汉学权威，其位于巴黎福煦大街的豪华寓所中摆满了东方古董，他竟然是在那里度过了生命的最后时光。汉学家、考古学家、语言学家和历史学家都将其视为大师，甚至是伟人。他从敦煌带走的写本、手卷、绘画和文物根本没有被海关稽没，而是收藏在法国国家图书馆的书架上和吉美博物馆的展厅里。真可谓无限风光！

我在巴黎见过伯希和的同行和学生。对他们而言，伯希和远非一个不登大雅之堂的偷盗者。他直到 1945 年去世之前，从未停止研究从敦煌带回来的著作和写本，并不断发表学术成果。此外，他还留下数量惊人的笔记、文章和著作，其中包括对古汉语、回鹘语、蒙古语、吐火罗语写本的翻译、评论，以及研究成果。这项整理、注释工作迄今仍未完成。他扩展了世界对亚洲的认识和理解，其贡献可谓空前绝后。他带走敦煌藏经洞中的精品，对它们构成一种保护，因为十二年之后，藏经洞惨遭哥萨克囚徒洗劫。由此可以说，伯希和完成了一项神圣的使命。

但这种论调难以说服伯希和的诟病者。在这些人眼中，即使以科学之名犯下的罪行也不能掩盖犯罪的事实。1908 年，敦煌并非处于极度危险之中，中国政府也从未允许伯希和肆意攫取藏经洞中刚被发现不久的藏品。虽然伯希和的研究对象是丝绸之路史，但他所采用的研究资料上也承载着对中国历史的记忆，这一点怎能被忽视？这些人会说，只可惜当时中国正遭受西方列强和日本的侵略与欺辱，伯希和才敢如此肆无忌惮。如果他仅仅想研究藏经洞中的瑰宝，为什么不在这片丝绸之路的绿洲上安营扎寨？

说到底，这就是殖民主义侵略。今天的柬埔寨、阿富汗或伊拉克遭受侵略后，不同样也经历了大规模劫掠吗？

如今，中国人比以前更加市场化，他们看到自己国家的珍宝在西方国家的画廊或博物馆展出时，只能说感到“耻辱”。这种耻辱源于他们知道仅仅在一个世纪前，自己的国家连自我保护的能力都没有。

是否应该归还敦煌的写本和绘画？是否应该向中国道歉？至少从道义上讲，这个问题值得一提。

这也正是我希望了解本书主人公的原因所在。

伯希和是一名学者，完全有能力研究并妥善保管带回法国的珍宝。他在敦煌、顺化、北京和柏孜克里克也正是这样做的。同样，他以低廉的价格在越南、中国和蒙古的书店里购买了数万册写本和书卷。今天，几乎所有这些著作和资料都可供研究者使用。

然而伯希和毕竟生活在法兰西殖民帝国时期，那个时代的学者甚至认为亚洲只是科学研究对象，殖民者是师傅，原住民是徒弟。当时世界上有殖民地和宗主国之分，无论是法国、英国、西班牙、德国、葡萄牙，还是美国，殖民帝国的财富当然应该在宗主国保存、展览和研究。这样的世界观经常使对被统治民族的掠夺、剥削和奴役变得冠冕堂皇。

今天，至少在法律上已经不存在宗主国和殖民地、统治者和被统治者，但不少民族仍在寻找属于自己的标志、印记和完整记忆，相关实物却被小心翼翼地保存在前殖民主义强国的图书馆、博物馆和保险箱里。一些国家提出归还的要求，其中包括中国对敦煌文物的要求。

是否应该归还敦煌的珍宝？为了回答这个问题，我们必须进行深入分析。伯希和是谁？他的目的何在？他一生中经历了怎样的收集整理和研究过程？

为了找到问题的答案，我联系了伯希和的后人，发现他们对他知之甚少。我查阅了伯希的朋友、同事以及同时代人对他的记述，发现他们虽然知道他的著作和研究成果，但对其生平经历却不甚了了。

我越深入研究，越发现伯希和具有多面性，正如在印度和中国经常见到的多头神仙或多头魔鬼那样。伯希和不仅是学者、强盗，还是军人、政客、旅行家、赌徒、特务和殖民者。此人恰似佛陀和大黑天神，收集的不仅仅是书卷，更是生命，而这一切当然打着为了法兰西帝国荣誉和科学研究的旗号。

到底是否应该归还？发言权在法国权威汉学家伯希和那里。

目 录

第一章　顺化

"发迹前的文人，正如潜龙在渊，等待着甘霖。"

1899年10月23日，马赛若列特港（bassin de la Joliette），"大洋洲人"号（L'Océanien）邮轮收锚离港。它长长的白色船体映衬在法兰西火轮船公司（CMM）灰色的办公楼上。一缕缕黑烟从并排着的两个烟囱中冒出，嗡嗡的汽笛声在港口上空回荡。人们挥动着手帕。伯希和紧紧抓着船栏杆，不用向任何人说再见。在此之前，他怀着解脱的心情在巴黎与家人拥抱告别，然后坐上了夜间的火车。终于自由了！远方独自一人的生活吸引着这个穿着讲究的年轻人。他的目的地是印度支那西贡，那里是法国殖民地，是远东明珠。

法国人用四十年时间占领了交趾支那[1]、柬埔寨、安南[2]和老挝，势力范围扩展到中国南部省份云南、广西、广东和海南岛。法国在上海、天津和北京设有租界。1860年以来，法国和俄国、英国、日本一起跻身在远东的列强之列。1897年时的印度支那总督保罗·杜美[3]认为安南和东京[4]已经实现和平。加利埃尼将军[5]和利奥泰将军[6]推崇的“油点政策”（politique de la tache d' huile），即对反抗地区实施政治和军事分区控制，并有选择地进行镇压，取得了成效，至少暂时如此。1885年越南“勤王运动”引发了大规模民众反抗，战争幸存者和未被法国人关进监狱的人躲藏起来。从皇室到中央和地方大小官员，要么遭到排挤，要么变得服服帖帖。各地仍有零星抵抗，但一时不会对强力的殖民主义秩序产生较大影响。从此以后，殖民者开始“改造当地社会”。按照法国在柬埔寨的驻扎官阿德玛·勒克莱尔（Adhémar Leclère）的观点，“土著必须向法国宗主学习，就像儿子向父亲学习那样”。

---

1 即南圻，在今越南南部、柬埔寨东南方一带。（如无特殊说明，本书页下注释均为译者所加）

2 即中圻，在今越南中部。

3 保罗·杜美（Paul Doumer，1857—1932），法兰西第三共和国第十三任总统（1931—1932）。1896—1902年任法属印度支那联邦总督，镇压越南民族解放运动，加强殖民掠夺。1932年担任总统期间被刺杀。

4 即北圻，今越南北部大部分地区。

5 加利埃尼将军（Joseph Simon Gallieni，1849—1916），法国元帅，1892年被派往越南北部进行殖民活动，认为征服是传播文明的一种手段。

6 利奥泰将军（Louis Hubert Lyautey，1854—1934），法国元帅，1894年在印度支那任职，是加利埃尼手下。

如此比喻……也就是说，被殖民者是小孩，是必须加以管教和约束的儿子，而教育过程将持续一段时期。由此可知，“大洋洲人”号邮轮1899年的航行将不会是最后一次。

邮轮是个小社会，登上船的法国“宗主”们代表着宗主国的不同社会阶层。最上层的头等舱有九十个位子，高级官员、行政人员、法官、银行家、种植园主、教士，当然还有军官等社会精英在那里享受着单间和客厅。他们的政治理念不尽相同，有激进社会主义、法国行动党等极右翼、天主教派、共济会派等。在法国本土，世俗与宗教之争正如火如荼，两种势力水火不容，但在维护法兰西帝国伟大荣誉上却立场一致，很少有人企图质疑殖民主义的“合理性”。二等舱有四十四个位子，乘客身上散发着外省人辛勤而又贫微、吝啬而又狡黠的气质。这些科西嘉人、奥弗涅人、布列塔尼人希望找到一份收入丰厚的稳定工作，比如当警察，做小买卖或在咖啡馆当服务生；头脑灵活一点的想到了农业加工，比如生产橡胶、咖啡或茶。对这些人而言，印度支那是一片可以大干一场的乐土，他们梦想着在那里成为声名显赫的殖民者，然后衣锦还乡，落叶归根。三等舱有七十五个位子，挤满了贫苦农民、无业游民、小流氓和刑满释放的人。这是一帮无产阶级冒险者，为的是逃避在本国的悲惨命运。用不了多久，他们也能把自己当成上等人，当然，仅仅是在面对殖民地原住民时……这是一种全新的体验，他们一定会好好享受。殖民地真是好地方，不仅可以让殖民者快速提升社会地位，还充满神秘的异国情调和各种情色诱惑，让人浑身躁动。

那里有职位，有生意，有大大小小的利益可以捞取。有人变成百万富翁，比如西贡安全局长白朗（Belland）就靠橡胶发了财。但想成为英雄却不那么容易，不能再像杜达尔·德·拉格雷（Doudart de Lagrée）海军中校那样在1860年代率舰征服湄公河流域，也不能再像他的副手弗朗西斯·安邺[1]那样效仿拿破仑时期的将军，没有接到上级命令就擅自占领河内，更不能像里维埃（Rivière）船长和伯比奥（Bobillot）中士那样为征服东京付出生命的代价，成为烈士。如果对女人感兴趣，可以娶个妻子，建立个家庭，中国人、越南人或柬埔寨人都行。在“大洋洲人”号上的乘客中，一部分人脑子里只想着如何逍遥自在，但另一部分白人殖民者怀揣着所谓的理想，希望把文明带给他们眼中落后、野蛮、原始的民众（还不能称之为人民）。他们自认为是信仰的传播者、战士和导师，到殖民地进行反对暴君统治的战争，一举改变当地的落后和无知。这些人以解放者自居。在这一点上，他们无所顾忌，因为法国宗教势力和世俗政权都对他们给予支持。他们还要守卫印度支那，防止这片和平的港湾遭到周围的野蛮侵袭，抵御可怕的“黄祸”——人口众多的中国，甚至还要统治中国，否则它将闯入欧洲的大门。而在欧洲人脑海中，历史上大规模的入侵仍然历历在目。

1 安邺（Francis Garnier，1839—1873），法国海军军官、探险家。

1885 年 3 月 28 日，令人生畏的李鸿章大人麾下的中国军队在谅山击败法军，布里叶 · 德 · 利斯勒（Brière de l’Isle）发回巴黎的电报唤醒了藏在人们记忆深处的恐惧："不管发生什么，我都希望保卫整个（湄公河）三角洲。"巴黎街头开始骚动，1870 年战败的阴影重新浮现，仿佛阿提拉[1]的幽灵。"中国军队似乎已经开始准备包围巴黎城了。"莱昂 · 都德（Léon Daudet）这样写道[1]。当天下午，克列孟梭[2]在众议院对茹费里[3]怒吼道："我们再也不认识您了，我们不想再认识您了！"茹费里政府随即垮台。征服远方的印度支那，让那里的人们臣服，成为法国人的一种报复。丢掉阿尔萨斯和洛林十五年之后，在法兰西帝国的意识形态中，除德国之外又产生一个新的野蛮形象——应该趁早征服这些"黄种人"。

高棉、老挝、越南都有上千年历史，殖民者却统统不屑一顾地称之为"土著"。两千多年以来，印度婆罗门教和中国儒教在这里交融，孕育出灿烂的文明，才有了东山文化铜鼓的独特纹饰和音质，才有了吴哥窟雄伟华丽的建筑，才有了顺化古城中的水族公园。法兰西第二帝国的探险者们似乎通过它们看到了整个印度支那曾经的辉煌。是啊，顺化古城高大的城墙

---

1 阿提拉（Attila，406—453），古代欧亚大陆匈人最伟大的领袖，史学家称之为"上帝之鞭"，曾多次率领大军入侵东罗马帝国及西罗马帝国，对两国造成极大打击。

2 克列孟梭（Georges Clemenceau，1841—1929），法国政治家，人称"法兰西之虎"，第三共和国总理（1906—1909，1917—1920），巴黎和会三巨头之一。

3 茹费里（Jules François Camille Ferry，1832—1893）法国共和派政治家，曾两度出任法国总理（1880—1881，1883—1885），任内推动政教分离，支持殖民扩张。

矗立于无边的大海和广袤的稻田之间，吴哥古城的岗哨背靠着陡峭的扁担山脉，倒映在辽阔的洞里萨湖中。在印度支那半岛上，一切都显得那么宏伟。茂密的森林如教堂钟楼般高耸入云，滔滔的洪水可以淹没整片村庄，高低起伏的山脉间经常有狗熊、老虎和大象出没。就在这崇山峻岭之中有一群人，他们是过着半游牧生活的山民，也擅长农耕，在越南语中被称为“野蛮人”。这种叫法将上百个不同起源、不同文化和不同语言的民族混为一谈，这是对他们的侮辱，也充分显示了法国人对被征服者的无知。新来的殖民者对越南知识阶层了解多少？对高棉或老挝的僧侣和苦行者了解多少？对那里的经文、碑刻、典籍又了解多少？这些文字构成当地公法和私法的基础，即使仅为处理当地势力和西方列强的关系，也应该对略知一二。太平天国时期兴起的黑旗军在 1885 年中法战争中给予中国朝廷军队强大支持，法国真的了解这支军队吗？总的来说，法国人都知之甚少。此外，“法国宗主”受到当地或明或暗的抵抗，对原住民的看法自然不会太积极。

当地官员都是狡猾的骗子，商人都是小偷，农民都愚昧无知，苦力是最好吃懒做的贱民，反抗者都是疯狂的暴徒。法国殖民者提到被他们统治的人民时，总喜欢使用与昆虫有关的词汇，例如他们会用“蚁穴”、“爬满”之类的词描述人山人海。被统治者的历史和文化一文不值，他们只有完全融入法国文化，掌握法国语言，才能实现自我救赎。也只有这样，他们才有存在的价值，否则即使身处自己的国家，也不会得到殖民者承认。被统治者已经开始全面了解统治者，尽管他们并不情愿成为统治者的学生。这样看来，在东京北部地区、安南山脉[1]之间，在湄公河谷、扁担山和豆蔻山之间的这对冤家，倒是作为“师傅”的统治者显得更加无知。

盲目自大和恐惧交织在一起，结果只能是悲剧。1885 年，顾思（de Courcy）将军因嘲弄越南皇帝而引发“勤王运动”，这是法国在越南殖民时期第一起全国性动乱。1894 年，出于同样原因，驻扎官汤姆逊在柬埔寨引发起义。法国人对印度支那历史、传统、文学、宗教和风俗的了解还远远不够。

尽管如此，时代仍在发展。1897 年，保罗 · 杜美出任首任印度支那总督。他是一个现代派。殖民征服时期已经过去，殖民统治时期到来了。杜美希望在刚刚成立的印度支那联邦建立强有力的国家机构。他仿照法兰西共和国政治体制组建中央政府部门和地方行政机构。然而印度支那并非一个民族，而是一个半岛，上面生活着三个民族：高棉人、老挝人和越南人。他们生活在各自的区域，操着澳亚语（austro-asiatiques）、南岛语（austro-nésiennes）或藏缅语，如今被统称为“山民”。

要想统治好和管理好，而不是被排斥在外，就要听懂多种语言，认识多种字母，了解当地不同的文明、历史以及传统。为实现长久统治，必须深入了解统治对象。正因为如此，荷

1　越南称“长山山脉”，老挝称“富良山脉”。

兰人于1778年在巴达维亚[1]成立东方学会，英国人于1784年在加尔各答成立皇家亚洲学会，拿破仑时期的法国学者们于1809年前后撰写了《埃及志》(*Description de l'Egypte*)。

而在印度支那，这方面工作尚未展开。1873年，法国在西贡设立殖民管理培训学校，培养出菲拉斯特（Philastre）、拉格雷、安邺、德拉波特（Delaporte）等不少人才，这些人的足迹虽遍布印度支那，但他们只是探险者。从1883年起，法国印度支那研究学会开始致力于研究当地农业、工业和商业问题，但取得的成果只是撰写了一些报告而已。只有运用科学手段，才能更好地了解印度支那，也才能使印度支那更加现代化，而当时所缺乏的正是科学手段。在法兰西公学，东方学学者雅克·达梅斯特泰（Jacques Darmesteter）在高高的讲台上宣布，应该将当代东方（即从埃及到中国之间的地区）视为“科学研究对象”。以杜美总督为首的殖民当局所需要的任何科学领域，都可以放在殖民主义这个大实验室中。1898年，杜美在印度支那成立地质所、巴斯特学院、医学院和隶属于法兰西学院的考古队。法兰西公学梵文教授西尔万·列维（Sylvain Lévi）认为，学习研究的时候已经到来，“耻辱的局面”已经改变，对刚刚臣服的殖民地居民和当地现状一无所知的时代已经结束。

杜美任命三十五岁的路易·菲诺（Louis Finot）为考古

1 今印尼首都雅加达。

队队长。此人是法兰西学院院士、法兰西公学梵文教授，他的学识必将促进高棉研究，特别是占婆研究取得突破性进展。菲诺的助手有路易 · 卡巴东（Louis Cabaton），三十六岁，伊斯兰学学者，马来西亚和荷属印度地区问题专家，负责研究中国南部和柬埔寨穆斯林人口；另一位助手是个军人，埃田 · 吕耐 · 德拉戎基埃尔（Etienne Lunet de la Jonquière）上尉，三十八岁，他在个人著作《东京考古学和人种学图册》（*Atlas archéologique et ethnographique du Tonkin*）中列举了印度支那的历史古迹。一支新的殖民精英队伍就这样诞生了，其使命不仅仅是统治，还包括考察、研究和提供建议。撰写印度支那各民族历史，研究当地语言、风俗习惯和社会结构的任务也落在它肩上。所有这些工作的目的只有一个，就是更好地管理被殖民者。

对菲诺的队伍来说，现在只缺少一位汉语专家。但为什么是汉语专家，而不是越南语专家？后者毕竟是印度支那的第一语言。也许是因为长久以来，越南人在文学、历史和法律领域使用汉字，而欧洲传教士在 17 世纪根据拉丁字母创建的拉丁化越南语并未广泛普及；也许是因为中华文明是越南文明的起源，从研究角度讲，法兰西帝国对其更感兴趣。此外，法国拥有世界一流的汉学院，院长是大名鼎鼎的爱德华 · 沙畹（Edouard Chavannes）。人们也许会以为，加入菲诺队伍的将是一位满腹经纶、白发苍苍的老学究，但最终的幸运儿不是别人，正是年轻的伯希和，他将有幸成为印度支那考古队中第一个接受国家资助的队员，法国科学界的希望和雄心也寄托在他这位汉学家身上，国家甚至为他支付了去印度支那的头等舱船票。这样一个人物肯定出生在北京、上海或天津？根本不是，他于 1878 年 5 月 28 日出生在巴黎。那他肯定是著名汉学家雷慕沙（Abel Rémusat）或儒莲（Stanislas Julien）之流的子辈？也不是，他的父亲是企业家、商人，情况就是这样。

那么，伯希和到底何许人也？可以肯定的是，他出生于传统天主教家庭，家境殷实，他是家中最小的孩子。伯希和祖上有光荣的历史，祖先斯蒂芬 · 伯希和（Stephen Pelliot）来自苏格兰，曾追随圣女贞德抗击英格兰人。由于立场亲法，伯希和祖上在诺曼底鲁昂定居，后迁至巴黎。伯希和的父亲在巴黎东讷伊的圣蒙德拥有几家工厂，而小伯希和是在巴黎玛莱区长大的。他在圣 · 保罗教堂领圣体，做祷告。这座教堂由耶稣会会士建造，黎塞留主持的第一次弥撒和博絮埃为国王做的精彩布道都是在这里。他在马西隆学校（collège Massillon）司铎祈祷会教徒的严格管教下学习拉丁语、希腊语，以及历史和地理。他的同学大多出身老牌资产阶级家庭，父辈多在位于塞维尼大街、法兰克—布若瓦大街或沃日广场的旧行政部门中任职。这样的家庭博闻广识，但气氛严肃。马西隆学校位于塞纳河畔，前身是菲耶贝堡，由路易十四的建筑师蒙萨建造。学校周围花草成茵，氛围庄重祥和。

然而，学生时期的伯希和并非家长们喜爱的乖孩子，而是个倔强任性、蛮横无理的好斗分子。伯希和在班里担任班长，却给全班起了坏的带头作用，学校自然无法容忍。四年级[1]期末，他被迫从马西隆学校退学。家长将他转至另一个大资产阶级创办的天主教学校斯坦尼斯拉斯中学（Collège Stanislas）。这个孩子性格狂妄乖张，总喜欢给自己树敌。在新学校里，他不仅因性格好斗出名，也因为有过人的天赋而为人所知。他在玩耍间轻松取得优异成绩，同时也因为性格顽劣被老师处罚。十六岁时，他顺利通过中学毕业会考。

伯希和的理想是成为外交官，所以报考了巴黎自由政治和东方语言学院（Ecole libre des Sciences politiques et aux Langues orientales）[2]，该学院以擅长培养外交官闻名。与此同时，伯希和还在文学院学习英语。老师们发现他记忆力惊人。大学时期的伯希和只读一遍就能记住整本书内容。他用了两年时间，而不是三年，就拿到汉语专业文凭。

三位大学者、大旅行家在这位天才少年的成长过程中发挥了至关重要的作用。首先是他的汉语老师沙畹，此人生于1865年，拥有哲学教师资格，1889—1893年在法国驻华使馆工作五年，其间翻译了司马迁的《史记》（成书于公元前2世纪）。沙畹认为司马迁是历史之父，是中国的希罗多德。沙畹也研究大旅行家、高僧义净的著作。义净曾在8世纪游历锡兰和印度，搜集佛经，研究佛法。沙畹是那个时代最著名的汉学

1　相当于初中三年级。法国初中一共四年。

2　原文如此，似有误。伯希和曾在巴黎自由政治学院（Ecole libre des Sciences Politique）和现代东方语言学校（Ecole des Langues Orientales Vivantes）学习。

家之一。伯希和还师从列维——梵文专家和法国毫无争议的印度学大师，熟知汉语和藏语，泰戈尔的朋友，被学生们戏称为“教主”。列维遍访亚洲的印度、中国和日本各地，痴迷于佛教研究。

伯希和还是考狄（Henri Cordier）的学生，他向伯希和教授亚洲历史和地理。考狄是大学者、精明的商人，十分了解中国，对亚洲情有独钟，但却像皇帝对妃子那样对亚洲充满戒心。1890 年，考狄创办学术季刊《通报》（*T'oung Pao*），该刊同时刊登用法语、英语、德语还有汉语撰写的论文，在荷兰莱顿发行。这份刊物敢于突破禁忌，发表各种文献、碑刻、法律文书和文学作品，其中包括对远东地区形势的分析和评论。考狄会用务实又略带兴奋的笔调向读者提出建议，以防卢梭的作品对他们影响太深：

> 说到中国人，应该清醒地认识到，除了和欧洲人打交道以获得经济利益的商人外，所有中国人都对外国人怀有戒心，有的甚至发自内心地厌恶外国人。中国文人尤其对外国人抱有敌意，因为他们知道，西方文明的传入将导致中华帝国政治体制的崩溃，而这触动了他们飞黄腾达的根基。来西方国家学习法律和军事的中国人（我可以列举出一些重要人物），往往是我们最可怕的敌人。当今中国眼界最开阔的两个人——两广总督李鸿章和湖广总督张之洞虽老于世故，避免公开与外国人发生冲突，但内心的想

> 法却和其他中国人没有区别……但凡相信中国人的花言巧语，随之而来的就是灾难性后果，这足见中国人的虚伪性。蒲安臣[1]曾代表中国出使美国和欧洲，并发表精彩演讲，但中国人做出的回应却是在天津屠杀外国人。[2]

考狄心中并不抱有幻想，他知道殖民者不可能赢得爱戴，而只能引发仇恨，因此应该树立权威，让被殖民者产生敬畏。殖民者对此应始终保持清醒。年轻的伯希和牢牢记住了这一点：不能有个人感情！他才华出众，但导师们推荐给他的研究方向却并非他的最初选择：汉语和东方学。1898 年，伯希和参加了在巴黎举行的东方学大会。会议决定参照罗马法国学校和开罗法国东方考古学院的模式，在远东地区也成立一所法国学校，其目的是通过对过去和现在的研究而更好地指导未来。这项任务需要由年轻人来完成，因为他们的职业生涯可以持续到 20 世纪中期。伯希和显然很符合要求。他不仅拥有学识，还擅长骑马和击剑，身体条件也无可挑剔。他不仅能成为学者，还将成为行动家，成为世间少有的杰出人物。此外，他还像外交官一样善于交际。总之，他前途远大，这一点可以肯定。在"大洋洲人"号邮轮上，伯希和广交朋友，绅士们很欣赏他的谈吐。他留着时下在年轻人中流行的细细的小胡子，而不是络

1　蒲安臣（Anson Burlingame，1820—1870），美国对华合作政策代表人物，曾任美国驻华公使，后任中国使节出使西方各国。

腮胡，魅力十足。他知道如何讨女人欢心，女士们也觉得他很有吸引力。

伯希和擅长打桥牌。不打牌时，他就回到自己的单间里学习汉语。沿途经过的地方，如苏伊士、马六甲、新加坡等，在他看来都不值得记录。他在“大洋洲人”号邮轮上度过了五周的旅行时间，但只写下这么几句话：

> 1899 年 10 月 22 日，在马赛登上“大洋洲人”号，船长是史密兹（Schmitz）上尉。1899 年 11 月 17 日，抵达西贡。[3]

让过往的回忆和沿途的风景都见鬼去吧！伯希和的注意力都在一门语言上。他研究的这门语言并非自己的母语法语，而是另一种自成体系的语言：汉语。

在西贡，伯希和看到大批苦力，也看到头戴殖民帽、西装笔挺的老爷们。那个时候，老爷们身边还很少有漂亮女士陪伴。西贡是交趾支那首府，是五大城市中唯一被正式殖民化的城市，也是新印度支那的大都市。西贡位于湄公河南海入海口处，独特的地理位置和多元的文化底蕴造就了其重要的地位。长久以来，西贡港及相连的内陆地区是柬埔寨王国的一部分。17 世纪被越南人占领后，中国移民大量涌入西贡，城市发展取得巨大飞跃。中国西南部的商人为躲避新统治者满族人的统治来到这里。法国人于 19 世纪占领交趾支那后开始在西贡定居。

那时候，他们幻想着把西贡建设成能够与英国人一手打造的新加坡和香港相媲美的大型国际港口城市。

西贡是国际化城市，汇集着多个东方种族。中国人聚集的堤岸（Cholon）位于西贡河一侧，紧邻欧洲人聚居的西贡。西贡以卡迪纳街和市政剧院广场（位于大陆酒店对面）为中心向四周延伸。当时那里的交通工具主要有双轮马车、人力车和有轨小电车。欧洲人的西贡气氛安静，与堤岸的喧嚣形成鲜明对比。两个城区彼此相邻（后合并为一个城市），但在伯希和看来，两者截然不同。西贡是欧洲式的海外省会，那里的商店、酒吧、别墅、教堂，以及各种习俗都是法国本土的缩影。西贡的邮戳显示它的身份是法国地方省份，法国邮政公司像脐带一样把它与宗主国联系在一起。堤岸是个独立的世界，集贸易、工业和金融于一身。小伙计们在堤岸街头穿梭着，手里经常拿着纸条，上面写着大米期货的最新价格。在堤岸，熙熙攘攘的人群都说汉语，读汉语。伯希和最喜欢在那里闲逛，因为这对他而言也是一种探索。

至于越南人，伯希和看到的倒比较少。应该说，西贡和堤岸都算不上他们真正的家园，他们更喜欢湄公河三角洲，喜欢那里的水渠、小河和稻田。他们话不多，和中国人很像，等待着自己的时运。那时候，他们被法国人叫做安南人，但他们没有忘记自己的国家曾自称大越国。

伯希和发现考古队的任务正在发生变化，几乎刚刚成立就改变了初衷。1900 年 1 月 20 日，法国远东学院（EFEO）

成立。该学院涉及多门学科，涵盖的领域不仅局限在印度支那考古，整个亚洲都成为它研究的对象。没过多久，建筑师亨利·帕门蒂尔（Henri Parmentier）和考古学家让·高玛伊（Jean Commailles）也加入菲诺、德拉戎基埃尔、卡巴东和伯希和的行列中，但此二人之后去了柬埔寨。另外还有印度学家阿尔弗雷德·福歇（Alfred Foucher），他日后在阿富汗创建了法国考古团。再有就是汉学家、语言学家马伯乐（Henri Maspero），其父是埃及古物研究所所长加斯东·马伯乐（Gaston Maspero），真可谓虎父无犬子。这些人个个都是精英……

精英们一刻也闲不住。1900 年 1 月 4 日，伯希和登上“海防”号，踏上法兰西火轮船公司承运的从西贡到红河入海口海防港的航线。海防是东京地区港口城市，居民仅万余，其中法国人占了不到一成，三成是中国人，六成是越南人。这里是进入“东亚病夫”——中国大门的前哨，航线连接广东、香港和上海。1 月 10 日，伯希和在这里转乘自第二帝国以来一直在服役的“老虎”号，次日抵达河内。

法国人占领东京（即现在的河内）已经快有十五年了。19 世纪初，昔日的大越国都城开始逐渐衰败，因为皇帝们更加偏爱顺化。年轻的伯希和来到这里时，当地居民只有八万人，其中百分之九十五是越南人，另有两千中国人和区区一千法国人。1888 年，安南国政权放弃对东京的主权，该地沦为租界。法国人计划将那里设为印度支那首府，已经在城市周围修建四十六公里公路，并按照奥斯曼男爵的建筑风格修建了新城。伯希和在冬季阴冷的天气里到访那里，满眼所及都是工地。居斯塔夫 · 艾菲尔（Gustave Eiffel）设计的金属桥取名"保罗 · 杜美桥"，全长一千六百八十米，当时正在修建中。贯穿印度支那的铁路将从桥上跨过红河，直达老街、谅山，最后通往中国。

保罗 · 杜美想把河内打造成小巴黎。在未来的印度支那总督府周围，一片欧式街区正拔地而起，那里有剧院、教堂、酒店、政府机关、别墅和用巨石建造的建筑，承载着越南古迹的建筑将永远消失。1887 年修建的圣约瑟夫大教堂位于古时的报天寺原址上，中央邮局则取代了以前的报恩塔。象征着权力的皇城，还有越南科举考试的圣地贡院，以及古城墙和古城门都被夷为平地，为建设新的殖民大都市腾出空间。

东方不夜城的建设就这样展开了。然而，如此肆无忌惮的拆旧建新引起了越南人的愤慨和抗议，因为他们意识到自己民族的遗产和记忆也将随之消失。英国人在印度也修路搭桥、建造铁路，但无论是在加尔各答还是在孟买，他们都只是修建新城。其他地方如德里、拉合尔或白沙瓦，英国人建的城市都与原来的城市保持一定距离。1858 年印度民族大起义改变了英国殖民者的思维方式，让他们学会通过尊重当地历史和文化的独特性来安抚原住民。但在河内，法国殖民者推行的城市化进程中并没有体现出这一变化。

尽管如此，1070 年李圣宗皇帝主持修建的文庙得以保留下来。这所古代高等学府是学习孔孟之道、提高道德修养、研习文学和历史的圣地，共有三进院落，院落之间有宏伟的柱廊加以分隔。文庙的中心位置树立着八十二座花岗岩石碑，上面刻着 14 至 18 世纪一千两百九十五名进士的名字。所有碑文均用越南封建时期官方语言“儒字”（即古代汉语）书写。为了看懂越南语，必须先学会汉语。汉语对越南语而言，相当于古希腊语和古拉丁语与当代欧洲语言的关系。

1 月 25 日，伯希和见到了杜美，并被邀请共进午餐。这次见面具有决定性意义。品味佳肴的同时，印度支那头号人物的一番高谈阔论让伯希和有醍醐灌顶之感。伯希和生性坚韧，不害怕什么人，也不惧怕什么事。他机智幽默，知道如何讨巧，很会赢得权贵们的欢心。杜美派他前往古安南国首都顺化，清点安南皇家图书馆中收藏的写卷和刻本。当天下午，伯希和即背负着这第一项使命离开了河内。

1 月 30 日，法国钦使布洛什（Boulloche）在顺化接待了伯希和，并随即像引见大臣一样把他带到皇帝面前。伯希和穿过无数进院落，走过无数道越式柱廊，再经过一个巨大的广场，最后推开金光闪闪的大门，进入安南国成泰皇帝所在的大厅。陪在皇帝身边的是年轻的皇贵妃阮嘉氏英。和中国君主一样，安南国的主宰者既是皇帝，也是天子。作为皇帝，他负责管理国家，维护正义，臣民的土地都归其所有；作为天子，他代表着至高无上的宗教力量，统领着存在于各领域的地方神灵。

这些神灵无处不在，山冈、村庄，还有稻田里的坟墓，都带着他们的名字。他们是先祖，每个越南人家里都为自己的先祖设立祭台，虔诚地请他们指点前程。成泰帝是国家首领和最高宗教领袖，他的先祖统领着其他人的先祖。成泰帝时年仅二十岁，比伯希和小十一个月。对这位皇帝而言，生活从一开始就是一种漫长的刑罚。1883 年，安南国刚刚丢掉河内和东京，最后一位名副其实的皇帝嗣德帝驾崩。随着这位威严的文人皇帝的离去，阮朝走上衰落的道路，政权变得摇摇欲坠。7 月 19 日，嗣德帝的侄子育德帝继位，但在位仅三天。权倾朝野的辅政大臣尊室说和阮文祥指责育德帝篡改遗诏，将其投入大狱。取而代之的是协和帝，但四个月后被毒死，原因是他对法国态度友好。辅政大臣们又拥立建福帝，后又被废，继位者是年仅十二岁的咸宜帝。1884 年 6 月 6 日，他在万般无奈下签署《第二次顺化条约》，安南正式沦为法国的保护国。

皇帝只是个玩偶。1885 年 7 月，法国远征军司令顾思将军到顺化拜会咸宜帝。顾思在钦使府召见辅政大臣，要求给予与中国使节相同的礼遇。中国是越南宗主国，但法国根据《天津条约》继承了中国的特权。权倾一时的重臣尊室说为免受侮辱，谎称身体有恙，但顾思威胁称即便使用担架也要把他抬来。尊室说自觉颜面无光，下令向钦使府开火，“勤王运动”就此爆发。在越南爱国人士看来，此次运动成为日后越南民族解放运动的先导。此时皇宫内已是一片大乱，皇帝身边除辅政大臣们外，还有先帝嗣德帝的嫔妃、女诗人阮若氏碧。四周激战正酣时，这位嫔妃拿起笔，写下了《幸蜀歌》：

（尊室说）未知会任何人
亦未请示陛下
竟然擅作主张
起用的全是自己人
是他能够信任的人
他并不企图挽大厦于将倾
而只希望逃避周遭的战火？
或者想出其不意
以攻为守？
众人皆目瞪口呆
深夜中思绪乱飞
错愕之余，相互盘问
陛下终遣人打探
良久才有消息
“他们肆无忌惮，向我们开火
我们竟如此坐以待毙？
不如奋起反击”
四周炮火隆隆
狼烟四起
火光映天
四个昼夜

战争未见分晓
第五天时
捷报终于传来
平大已然攻下
钦使府一片火海
法国人只有退回老家
谢天谢地
然此语即出，欢笑未尽
炮火再度燃起，众人重陷惊慌
法国奸诈之徒，岂能轻易相信？
任凭我炮弹先发
自顾小心躲藏
我只全力攻打
哪顾对方暗藏心机
弹尽粮绝之时
敌方凶残反扑
如惊雷闪电，地动山摇
皇城如何能保？
兵众如水滴遇暴雨
溃不成军[4]

嫔妃们由此受到很大启发……尊室说挟着咸宜帝，带着玉玺和皇家珍宝、文献以及军符逃到山野中。法国人暴怒，将年幼的阮福昭（成泰帝）从母亲身边带走，将其监禁起来。1889年，咸宜帝被擒后流放至阿尔及利亚，年仅十岁的成泰帝登基。皇帝年幼，法国人正好趁机攫取并滥用皇权。1897年9月27日，成泰帝成年之时，被迫签署由杜美事先准备好的谕旨，丧失了仅有的一点权力。从此以后，法国钦使将代表宗主国主持枢密院和宗人府。所有决定均需征得钦使同意，国家财政和税收大权也归钦使所有。

皇帝虽身着黑带皇袍，位列众卿之首，但眼神中流露出的却是屈辱和悲哀。他在臣民眼里贵为天子，超凡脱俗，实则毫无实权。国家已被侵占、控制、践踏，包括皇帝和皇宫在内的一切皆难幸免于难。皇帝身处尊位，实则形同囚徒。他在皇宫中，皇后嫔妃、大小廷臣簇拥着他，上演着一场人间闹剧。顺化皇城已经沦为镀金的牢笼，先帝的嫔妃阮若氏碧也改变了立场，她站到法国人一边，开始私下宣扬安南必败的论调。阮若氏碧曾追随咸宜帝奋起反抗，但难以忍受退守荒山野岭后的艰苦生活。从今以后，她开始鼓吹与法国人的合作，削弱坚持反抗者的意志。

> 应该停止抵抗，与法国人对话，避免民众遭受更大灾难。

反抗是徒劳的，注定要失败。“勤王运动”，而非殖民主义，成了给民众带来苦难的根源。廷臣黄高启归顺法国人后，游说仍在河静山区抵抗的潘廷逢投降：

> 最不开化、最笨的人也明白大势已去。您是智者，怎么会连这个都不清楚？总督先生近日谈到我省局势时，建议我向您转达：“您尊崇大义，即使将个人和家庭命运置之不顾，也应该考虑民众的安危。”[5]

潘廷逢对此嗤之以鼻：

> 诚然，纵观全国局势和我方实力，正如古语所云，我方抵抗犹如螳臂挡车。法国人疾风骤雨般侵我国土，迫使我主逃亡，陷我民众于惊慌。国土沦丧，各省皆如此，岂我省一地。

应对民众疾苦负责的并非抵抗者，而是侵略者和“为一己私利急于献媚的可鄙之流”，潘廷逢这样写道。[6]

成泰帝既不屈膝妥协，也不武装抗争，而选择了消极抵制。人民仍然忠于他。他潜出皇宫后，辗转于乡村之间，向子民倾诉心中苦闷。百姓鼓励他，拥戴他，正如昔日拥戴先皇，拥护开国皇帝嘉隆帝、黎朝、西山朝、李朝诸帝带领越南人民摆脱中国统治那样。

成泰帝的命运注定如此。伯希和的使命显然不会受到他的欢迎，因为清查书目意味着宗主国染指皇室卷宗档案，但皇帝只能勉强同意这个法国人进入各部门和皇家书库查阅藏书。然而伯希和还要再耐心等上三天，因为次日即1月31日，恰逢越南新年（也是中国新年），"法国大臣"[1]要前往最后一位享有自由和主权的嗣德帝陵前祭奠。

嗣德帝陵和其他帝陵一样，位于顺化城郊区青山绿水之间，只有守墓人可以在那里居住。嗣德帝生前亲自设计了陵园，其中水陆相宜。地上建有皇家戏院鸣谦堂、供奉安南神龙的和谦殿与纪念先帝生平的祭坛。位于水域中心位置的是流谦湖，湖面长满睡莲。嗣德帝从由谦桥码头登船，行至流谦湖上的亭榭，在那里吟诗作赋。

> 恐惧中，我颤抖着思考人生之含义
> 领悟生命之短暂，死亡之永恒
> 智者抑或愚人，有三尺葬身之地足矣
> 荣耀抑或财富，顷刻间灰飞烟灭
> 战火于人，如同风吹云散
> 前途险恶，命运重如山峦
> 我试问先灵，奈何无人应答
> 唯有苟延度日，等待宿命到来[7]

觐见成泰帝六天之后，伯希和被带入藏书楼存放吏、户、

1 黄高启写给潘廷逢的信中这样称呼法国殖民统治者。（原注）

礼、兵、刑、工六部官员资料的地方。他是第一个进入这里的法国人，但只允许在里面做短暂停留，眼睁睁看到数量庞大的卷宗却无法查阅。他还被带入国史馆，那里珍藏着嗣德帝的所有作品，还有坚持抵抗法国入侵的绍治帝和明命帝的作品。这两位先帝敌视基督教，曾下令迫害本国基督徒。藏书楼里的六部官员资料被小心翼翼地保存着，伯希和没能拿到，但他第二天拿到了国史馆里三位皇帝作品的书目。2 月 8 日，伯希和被允许进入相当于皇帝秘书处并负责协调六部的尚书省藏书楼，那里的编年史料保存现状和国史馆一样堪忧。

伯希和发现“书籍归类混乱，书名残缺不全，中国著作和安南著作混杂在一起”，他看到了“安南战争和顺化沦陷产生的影响”，“皇室对这些问题漠不关心，古代科学早已无人问津，却找不到用什么来替代”。[8]

伯希和的描述显得很严酷，但反映出当时殖民者的一种心态，认为原住民没有能力照看好自己的国家和财物。殊不知伯希和手上的钥匙打开的是亚洲最大的图书馆之一，展示在他面前的宝藏是越南古国大越国的历史。18 世纪[1]，曾任兵部尚书的黎文休撰写《大越史记》，用三十章的篇幅记录了越南上千年的历史，此后历史修撰工作一直有序进行。同样在这座图书馆中，年轻的伯希和还发现另一部史书《大越通鉴通考》。另外还有大学者黎贵惇的《芸台类语》、嘉隆帝的《皇越一统舆

1 此处有误，黎文休生于 1230 年，去世于 1322 年。

地志》和 1884 年勘定印刷的嗣德帝集。

在那里，伯希和发现了上千年的文明遗迹，从中国继承来的文学和艺术始终在不断突破，向前发展。

李朝（1010—1225）的建立宣告中国统治的结束，但文学作品仍用汉语“儒字”写成。以下引自一部受佛教启发著成的冥思集，透露出大越国希望和中国保持一定距离的想法。

> 任运盛衰无怖畏，
> 盛衰如露草头铺。[9]

13 世纪，随着陈朝的建立，越南当地语言喃字（chu nom）诞生，取代了儒字在文学作品中的地位，越南与中国的关系进一步疏远。喃字和儒字两种语言同时存在，15 至 16 世纪黎朝、莫朝时期，喃字逐渐占据上风，儒教也渐渐取代了佛教。18 世纪，《芸台类语》的作者黎贵惇用喃字描述世俗生活，他模仿科举考试中涉及的经义和文书中的文体写成习作：

> 人说婚龄少女如含苞待放的荷花和青涩的桃子，一心只想有桩好婚事，正所谓好马要配好鞍。少女对夫婿精挑细选，恰如商人寻找可以委托重金之人。

在黎贵惇笔下，少女毫不掩饰对文人的爱慕之情：

看，没文化的富农只会炫耀家里的稻田之深和池塘之大。王恺和石崇两人斗富，瞪着愚蠢的蛤蟆眼看着世间的财富，最后可悲地死去。

文人不畏贫穷，墨即其田，笔即其林。梅臣（梅尧臣）和（吕）蒙正不会贫困一生，他们会像野鹤一样飞上云霄，通向荣誉的顶峰。

发迹前的文人，正如潜龙在渊，等待着甘霖。[10]

从那以后，皇帝诏书、大臣奏折、官方考试、学术著作，以及重大庄严的场合依然使用汉字，但诗歌等文学作品则使用喃字。18 世纪，女诗人段氏点用喃字写成著名诗作《征妇吟演歌》（喃字版《征妇吟曲》），标志着汉字彻底走向衰败。有意思的是，这首诗最初由文人邓陈琨用儒字写成，后将其赠给他喜爱的女人段氏点，段氏点用喃字加以改写，结果比原作更加精彩：

愿为君兮解征衣，
愿为君兮捧霞卮。
为君梳栉云鬟髻，
为君妆点玉胭脂。
取君看兮旧泪帕，
诉君听兮旧情词。
旧情词兮换新联，
语新话旧兮酒杯前。

儒字和喃字是连接中国和越南的强有力纽带，两者之间关系复杂。有些法国人希望中越水火不容，正如他们更希望看到大越国分解为安南、交趾支那和东京三部分那样。事实是这样吗？或者如段点氏认为的是互补关系？历史上中越关系几经波折，战事频仍。

“虽汉人、唐人、宋人、元人数次欲吞并我国，将我沦为一省，然皆以失败告终。中国乃我邻国，强于我国千倍，却为何始终不得凭武力将我吞并？实因天意如此，越南得以保全。”坚持抗法的潘廷逢对投降的黄高启这样说道。

越南的抵抗精神源于反抗中国，但也用在了反对法国殖民主义上。学者伯希和参观越南皇家图书馆时，清化省巴亭山区的抵抗还在继续。在东京中部地区，素有“安世虹儿”之称的黄花探领导的起义直到 1913 年他被叛徒暗杀才告结束。中国虽是越南危险的邻邦，但当时自身也正经受凌辱，敌人同样是西方列强，还有虎视眈眈的日本。

伯希和 2 月 21 日返回河内，下一步的任务已经安排好。根据保罗 · 杜美 15 日的指令，他将到北京进修汉语。

伯希和不在期间，顺化皇城目录暂由天主教外方传教会成员卡迪耶神父（père Léopold Cadière）保管，以备查用。此时伯希和离开法国还不足四个月，但他不仅已经远渡重洋，而且走遍越南，见到了印度支那总督和安南国皇帝。现在，中华帝国的大门又展现在他面前。年仅二十一岁的伯希和俨然已经成为高级官员和出类拔萃的学者，推行着法兰西帝国的新秩序。

3月2日，伯希和在即将出发之际再次见到杜美，后者将他介绍给法国驻华公使毕盛（Stephen Pichon）。伯希和在华期间将听命于这位公使。杜美和毕盛皆值四十三岁，同是第三共和国的政治人物，对很多问题看法一致。毕盛1885年当选众议员，杜美则于1888年当选。他们都是激进社会主义者，曾猛烈抨击茹费里的殖民政策，还讽刺他是“东京费里”。1885年，法军在谅山失利，茹费里下台，他们继而成为“理性殖民主义者”。然而两人虽在同一政治阵营，但不属于同一派别。杜美是共济会成员，毕盛不是。杜美是克列孟梭的对手，而毕盛却忠于克列孟梭。杜美到印度支那任职前曾在财政部工作，毕盛结束北京任期后将出任外交部长。两人职业生涯虽有交集，但前途却大相径庭：杜美将成为总统，毕盛则一直追随克列孟梭，是名出色的助手。

两人先后被派往远东地区，不同的发展前景并不妨碍他们在1897年之后开展紧密合作，因为法国对印度支那的政策离不开对华政策的配合。1900年初，中国政局显然成为毕盛、杜美及伯希和关心的头等大事，因为“东亚病夫”已经奄奄一息了。

第二章　北京（一）

“孔孟已然泪如雨下，泪水淹没他们的胸膛。”

1900 年 1 月 26 日是个星期六。正当伯希和乘船驶向顺化时，北京皇宫里上上下下，无论是满族还是汉族，所有的王公贵戚、文臣武将都身穿朝服，进入乾清宫，在祭祀大典后朝拜天子。[1]

先帝遗孀慈禧现在已经是皇太后，她在盛大的排场中等待着文武百官。大殿上，所有目光都聚集在光绪帝身上。自从他遭到排挤之后，已有十五个月未曾露面。另一位罕见的人物是

1　1900 年 1 月 26 日应为星期五。这里指的应是“己亥建储”（1900 年 1 月 24 日）。

光绪帝的叔叔[1]端郡王载漪，二十五年前被流放到满洲里，陪在他身边的是他十五岁的儿子溥俊。

朝拜开始。首先讲话的是可怜的光绪帝。他近日来消瘦了许多，脸上满是疲倦。被拘禁的日子让他身心憔悴，现在他还要在太后面前低三下四。光绪帝说道，慈禧太后仁慈，他才得以于 1875 年登上皇位，时年尚不满三岁。当时吏部主事吴可读认为根据祖法，皇位应由端郡王子嗣继承，但慈禧未予采纳。后端郡王被流放，吴可读自缢身亡，以死相谏。正如中国谚语所说："鸟之将死，其鸣也哀；人之将死，其言也善。"[1]

光绪帝语调呆板，表态中充满懦弱。尽管他在太监的严格看管下多次尝试，但未能给大清帝国留下皇位继承人，无奈只能让位，而继承皇位的将是慈禧指定的少年溥俊。五天之后的 1 月 31 日是农历新年，伯希和仍身处顺化，溥俊在拜过天坛、太庙和社稷坛后登基。这一次，慈禧又获得了胜利，她依然是皇宫大内真正的主人。将近半个世纪以来，慈禧一直掌控着皇权。溥俊和前几位皇帝没什么区别，只是她掌中的玩偶。

溥俊登基的消息很快在外国使团中散播开，那里的洋人们留意着慈禧的一言一行，大批汉学专家对她说的每句话都加以研究、分析和解读，之后形成看法，通过电报发向国外。这场宫廷变故到底意味着什么？

当时外界对慈禧仍知之甚少，因为 1644 年满人入主中原

---

1 应为堂兄。

以来，还没有其他外来者能够进入明朝五百年前修建的紫禁城，而关于她身世的说法更像是神话传说。慈禧生于1835年11月29日，据说是一个“落魄鞑靼人”的女儿，年幼时被生父卖到一个广东籍官宦家里，在那里接受教育。外界对她入宫后的经历了解相对较多。后宫选秀时，慈禧凭借美貌、智慧和身体条件胜出[2]，成为咸丰帝的嫔妃，并为咸丰帝生下一子，即后来的同治帝。慈禧即“西太后”，与“东太后”慈安地位相当，但可惜慈安未能给皇家留下子嗣。1861年咸丰帝驾崩，慈禧已经可以掌控局势，遂立其子载淳为皇帝。无奈载淳年仅六岁，摄政权之争随即展开。户部尚书肃顺一度占据上风，但慈禧与恭亲王和慈安联手扭转了局面。慈禧开始垂帘听政，慈安1881年辞世。四年后，清军在东京与法军作战失利，慈禧借机排挤恭亲王。次年，即1886年7月11日，慈禧在李鸿章（指挥了谅山大捷）的支持下，宣布十五岁的光绪帝成人。此时慈禧在宫中再无对手，完全将光绪帝控制在掌中。慈禧下旨称，皇太后在必要时协助皇帝处理政务，根据时局督导皇帝学习国事。

就这样，慈禧一直垂帘听政到1894年清朝败于日本、丢掉朝鲜。慈禧权势渐衰，再无力阻止恭亲王干政，也无法阻止外国使节进入紫禁城。1894年11月12日，慈禧被迫在文华殿召见各国使节，日后她对这次“侮辱”耿耿于怀。19世纪中叶，中国在两次鸦片战争中失利，后疲于镇压太平天国起义，被迫允许列强在中国设立租界，其中主要包括英国、俄国、法国和日本。中华帝国和衰败的奥斯曼帝国一样，像一个“病夫”。慈禧思想保守，一心想维护自身代表的满族政权，反对主张打开国门、将中国带上现代化道路的改革派，反对赋予人民更多权利。

1898年5月29日至30日夜，恭亲王突然去世。光绪帝趁机冲破慈禧控制，将大权交给改革派人物康有为。康有为1858年出生于广东，出身书香门第，曾在翰林院任职[1]，是诗人、儒家学者，支持君主立宪制，极力推动中国变法。1898年夏，中国在经济、政治、社会等各领域全面推行变革。教育领域引进了西方科学，考试科目现代化，官员贪腐得到惩治，基督教受到保护，中国与外国关系开始正常化，而支持慈禧的保守派则被抓捕。慈禧的老情人，担任过工部尚书、军队统领等职的大学士荣禄被判死刑，但日后升任大元帅的袁世凯拒绝执行命令。荣禄返回北京后，政权再次落入慈禧之手。

慈禧进行了残酷的报复。9月20日，光绪帝被囚禁于紫禁城中孤岛瀛台，与之连接的桥梁被拆毁。22日，康有为外逃，支持他逃跑的十四名宦官在大太监李莲英家中被斩首。李本人不日即被毒死[2]。28日，改革派主要人物悉数被斩首，紫禁城内血流成河。在这当口，慈禧为外国使节夫人举办了别有情调的宴会：

---

1 康有为不曾在翰林院任职，原文似有误。

2 李莲英死因仍有争论。

> 她看上去心情不错，慈眉善目，满脸笑容，一点残忍的痕迹都没有。她和每一位夫人握手，殷勤地对她们说："一家人，都是一家人……"她十分热情，用人每递过一杯茶，她都抢先一步，用嘴唇轻抿一口，依然说着："一家人，都是一家人。"[3]

这次宴会是一次"死亡之吻"，对改革派的清算也是大规模打压外国人的信号。1900 年的头几天，对外国人的进攻已经开始。3 月 8 日，慈禧为显示友好姿态，在太和殿再次为外国使节夫人们举行宴会，这一次她比以往更加殷勤。

伯希和到达中国之前，中国的局势就是这样。3 月 3 日，伯希和离开河内，9 日抵达香港并停留三天。香港是自由贸易的天堂，这片英国租借地与法国人经营的河内有很大不同，那里没有喧嚣，富有乡土气息，法国人梦想着有朝一日它能与香港媲美。从 1840 年到 1900 年，香港人口从四千增长到三十万。当时的香港已不再是当初的印度鸦片集散地，而是中国对外贸易的重要平台，和上海齐名。糖、米等原材料以及中国劳动力都通过这里中转。从法律地位上讲，香港是英国殖民地，但这里的英国人并不多，大多数是来自广东和福建的中国人。由于工业和港口业的发展，这里吸引了大批劳工、码头工人、海员、商人，以及新一代文人，即所谓的"知识分子"。他们接受过西方教育，希望推动中国实现现代化。1899 年 10 月至 1900 年 1 月底的冬天，康有为在慈禧的追捕下逃至香港。也正是在香港，日后的中华民国总统孙中山博士建立了兴中会[1]。和中国其他改革派一样，孙中山也与康有为有联系，但两人对国家未来的政体持不同看法。康有为是君主立宪派，孙中山是共和派；康有为与英国人关系密切，而孙中山更倾向于法国人。

在港停留期间，康有为是当地改革派精英们的座上宾。他借住在商人何东家里，在那里结识了何启和胡礼垣。何、胡二人都是知识分子，也是香港商界代言人。何、胡在与康有为交谈时表示，康及其支持者推行变法失败的重要原因之一，是他们完全不懂盎格鲁—撒克逊国家的语言、文化和国情。他们认为，商人应该是中国施行变革的带头人。他们推崇英国，认为英国与俄罗斯和法国相比，殖民胃口最小、最不过分，只要在中国划分租界、设立商行就可以满足。

3 月 10 日，法国驻香港领事带伯希和参加法国殖民会所（Hong Kong Club）活动，但他在那里既没遇到何启，也没遇到胡礼垣，更别提何东了。法国殖民会所成立于 1846 年，1897 年迁至滨海的一栋建筑里，具有一定的历史。该机构汇集了法国政客和商人，是法国在当地真正的权力中心。法国殖民当局规定，中国人不能成为会所成员，部分场所甚至还拒绝女性进入。

1　兴中会于 1894 年成立于檀香山，1895 年在香港成立总会。

同一天，伯希和参观了位于半山腰的外国使团疗养院。此外，他还参观了另一个外国殖民者活动的重要场所——坐落在薄扶林水塘旁边的伯大尼修院（Maison de Béthanie）。很多传教士在修院里休息。伯希和曾在顺化与卡迪耶神父共事，知道传教士对远东地区的情况非常了解，所以对他们很尊敬。他和曾在西藏传教的仁安守（Auguste Desgodins）教士交谈，仁安守的弟弟夏尔-亚辛特（Charles-Hyacinthe）教士不久前刚在西藏身亡。仁安守和卡迪耶都是巴黎外方传教会成员。这个世俗化的宗教团体创立于17世纪，宗旨是向异教徒传播福音，同时负责教会组织工作。该传教会在亚洲有三十一个分支机构，五个在英属印度，七个在印度支那，四个在日本，六个在朝鲜，九个在中国。外方传教会的教士大多出身法国乡村，极少受到大革命思潮影响，近三个世纪以来一直是推行法国殖民政策的急先锋，在天主教神职人员排序中的地位越来越重要。1899年3月15日，法国驻华使馆征得梵蒂冈同意后，迫使清廷承认天主教士享有特权，并建立起教会神职与清朝官职的对应关系。主教相当于巡抚，署理代牧相当于布政使，以此类推。新特权的设置在很大程度上增添了天主教神职人员的权力。从此后，他们可以与朝廷官员看齐了。不仅如此，这还使所有中国基督教教民享受到更多特权。他们能够凌驾于中国法律之上，即使与非教民发生纠葛，也只接受宗教审判，由西方国家宗教法庭做出裁决。

无论是在梵蒂冈、中国，还是其他地方，传教士的社会地位都高于军人和商人。法国正是以保护传教士和教徒为由，构建起一个殖民帝国。外方传教会有上千成员，加上已经牺牲的殉道者，人数急剧膨胀，达到令人担忧的程度。在中国，几乎所有省份都发生过针对外国人的冲突，而骚乱最初的目标通常是信奉基督教的中国人。1899 年，安徽省发生的一起排外事件程度最激烈，甚至演变成暴动。暴乱首领外号“疙瘩”，原因是他脸上和脖子上长满了疙瘩。他的目标是消灭所有基督徒和外国人。临近北京的山西、山东和直隶也发生了类似事件。其他教派的传教士都遭到杀害，但地方政府并未采取严厉措施加以制止。香港作为中国的门户，对以上形势有所报道。

伯希和通过仁安守收集了很多珍贵信息。这位法国远东学院的寄宿生正是在香港和外方传教会建立起联系，并一直保持下去的[1]。3 月 12 日，伯希和登上“安南”号邮轮，15 日抵达目的地上海，下榻法租界“蜜采里饭店”(Hôtel des Colonies)。上海并非严格意义上的殖民地，但作为长江和黄浦江入海口，1842 年《南京条约》签署后即成为对外开放港口。1845 年，英国人与苏松太兵备道宫慕久签署《上海土地章程》，在中国人聚居的城区北部获得一百九十九公顷土地，法国人在城区和黄浦之间获得一块较小的土地（六十六公顷）。英、法分别建立租界，享有治外法权，以及独立的警务、司法

1 在整个职业生涯中，伯希和为外方传教会和其他宗教团体撰写了多篇关于中国基督教发展史的文章和报告。(原注)

和行政权。与香港类似，1900 年的上海也经历了人口迅速膨胀和经济快速发展的过程。上海人口达到四十万，其中包括三千名外国人。1888 年，上海港共停靠 4734 艘汽船、813 艘帆船，从全球各地进口货物 4993835 吨，占全国对外贸易的百分之五十五。

伯希和在上海见到法国领事，然后去了法国体育俱乐部（Cercle sportif français）。这个俱乐部非常封闭，偶尔有几个信奉天主教的中国有钱人能够加入其中。紧接着，伯希和自然还拜会了外方传教会的传教士，他们在上海留下深深的印迹，在获得信息和了解情况方面发挥了不可替代的作用。传教会有两处地址，一处在上海郊区谈家渡，另一处在徐家汇，中国 16 世纪末第一位信奉基督教的高官徐光启就葬在此地。为徐光启洗礼的耶稣会会士利玛窦凭借造表技术和数学知识，再加上各种手段和花招，赢得了万历帝宠信，获得了传教权。

然而在上海，“内地”的消息并不比香港乐观。大刀会（即义和拳）12 月起事后，到处散播反对基督教的传单：

> 基督徒以欧洲人为靠山，搅乱乾坤，欺上凌下，辱没清廷，有悖纲常。他们的头目遣人拆除寺庙，修建大教堂；他们欺瞒无知百姓，残害幼童，取其心、挖其眼，配制春药；他们还向井中投毒。一个书生忍无可忍，前往城中揭发罪行。可叹！官场卖官鬻爵，贿赂成风，对书生施加残暴。善良民众无路可走，只得纷纷学武弄拳。长天神

> 将此事禀告玉皇大帝。玉帝震怒，派天兵天将下凡帮助民众铲除基督徒。洋鬼子末日到了。义和拳有金钟罩体，刀剑不入，枪炮不侵。
>
> 百姓们，起来吧，万众一心铲除洋鬼子，消灭基督教！
>
> 炎黄子孙自古有别于外族蛮夷，但近来百姓无所适从，中国究竟是谁的中国？孔孟已然泪如雨下，泪水淹没他们的胸膛。[4]

文中所言所论都在鼓动仇杀和造反，敌人已按先后顺序排好：一是信奉基督教的中国人，二是支持中国基督教徒的欧洲人，三是“腐败的朝廷官员”，例如袁世凯。与官员有关联的皇族和文人也隐含其中。中国究竟是谁之中国？大刀会认为孔子和孟子是中国的祖先，满人显然不能位列其中，但清廷对此却一言不发。

伯希和一路前行，目睹着中国时局的狂热。3 月 28 日，他抵达天津。天津坐落在海河之滨，紧邻渤海，距离北京一百二十公里，是首都的门户港口。1860 年第二次鸦片战争之后，法国、英国、美国分别在天津划分租界，传教活动如火如荼地展开。1869 年，法国传教士在一座佛塔遗址上修建圣母得胜堂[1]和孤儿院，引发当地民众不满，教堂陷入孤立状态。中国人不愿将孤儿送往孤儿院，修女们只得对带来孤儿的人加

1 望海楼教堂。

以奖赏。没过多久，这种做法引发了贩卖儿童的风潮，甚至绑架和关押儿童也有发生。更让人难以接受的是，修女们偏好患病儿童，若是生命垂危的孩子则更是求之不得。

流言四起，称外国人在天津迷惑儿童，将儿童致残，用儿童内脏炼制春药和毒药。负责天津对外通商的官员崇厚得知此情况后检查了孤儿院，但没有发现任何与谣言类似的情景。局势混乱到了极点，中国人和外国人谈不上任何理解。崇厚在法国领事丰大业（Henri Fontanier）的陪同下离开孤儿院，愤怒的人群攻击了他们的队伍。丰大业以为中了埋伏，遂开枪射击，误将崇厚的随从打死。丰大业及助手被暴打致死，另外还死了十个修女、两个教士和几个欧洲人，教堂和孤儿院也被付之一炬。在混乱中被毁的还有四座英美教堂。天津是直隶总督府所在地，事后，老谋深算的直隶总督李鸿章动用各种外交手腕才平息了外国人的怒火。

然而，民众的情绪依然很大。伯希和路过天津时，整个直隶正处在水深火热之中。大刀会也被称为义和团，修练一种叫做义和拳的功夫，抢掠杀害基督徒。墙上张贴的针对外国人的大字报也愈发耸人听闻。

> 四面八方都是战场。苦海无涯，回头是岸。我乃永生神，大号静真，来自西方高山、道家金彩虹洞。我代表鸿钧老祖警示教民，你们要广传消息，让民众追随大刀会。准备战斗吧，十三外族即将攻击天朝，中华乾坤将被搅

> 乱。兵将排山倒海，尸骨堆积如山，鲜血遍流成河。无论男女老幼，都应该潜心研习神拳，以求永生之术，免遭战火纷扰。混沌的局势将持续三十年，之后方会结束。七十外族还会陆续来侵犯。众拳民唯有奋起反抗。
>
> 西洋鬼子指使当地人在井中、河中、海中、谷物中、集市中投毒。只有练习神拳的人方能免遭毒害。凡当地人不买的东西，其中必定有毒。切记！永生神相告，只有开化的人方能明白。[5]

上文所提的“道”，是老子口中原始本初、无法形容、不可名状之物。与之前不同的是，这篇文章中没有提及清廷和文人，而只将矛头指向一个敌人：西洋人和受其蛊惑改信洋教的中国人。大刀会号召民众拿起武器追随他们，因为他们认为自己是唯一有能力引导民众的人。与此同时，义和团也加紧召集人马，以展示自身不可战胜的超人能力（可惜始终未能施展出来）。1899 年 10 月 2 日，临近北京的宋门举行集市，义和团在集市上设场子，号召民众练习“刀枪不入”的义和拳。

> 是日，数千好奇民众汇集宋门，争相目睹奇观，无奈拳练推迟至 30 日，民众多有失望，但好奇者愈众。事先安排好的头领和两个徒弟在教宗排位前跪拜，一边磕头不止，一边念念有词，奈何神仙始终不肯显灵。下午四时左右，头领突然站起身，表情匪夷所思，如神灵附体。两

> 个徒弟也站起身，把子弹推上枪膛。头领脱去上衣，赤裸上身。一声枪响过后，可怜的头领应声跪下，随即躺倒在地。这一枪在他身上开了个又深又大的洞。左右随从赶紧将其裹住抬走。头领身上血流不止，不久即身亡。[6]

为掩饰残局，义和团指责基督徒暗杀了那位头领，一些基督徒因此遭杀害，住所被烧毁。尽管发生了此类意外事件，义和团拥有神奇功力的说法在民众中迅速传开，甚至传到了洋人的用人和清兵当中。据估计，当时约有四分之一到一半的清兵“受到了义和团思想的影响”。[7]

所谓为公平、安定、和谐而战的大刀会和义和团迅速扩大影响，外界却对其知之甚少。吴桥县令劳乃宣在描写义和团的小册子中这样写道：

> 义和拳教门者，白莲教之支流也［其源出于八卦教中之离卦教］。嘉庆间惩禁有案，而根株未能尽绝，直、东州县犹有潜相授受者。上年，其党类在山东冠县以仇天主教为名，聚众为乱。[8]

换言之，义和团首先以清朝为敌，在嘉庆朝（1796—1820）时就已开始造反，排外和反基督教只为掩盖推翻满清、夺取政权的真正目的。不少达官显贵都意识到了这一点，比如直隶总督裕禄。他推行一种和解政策，认为“无论是否基督教徒，都是中华子民”，朝廷都会“善加对待”。然而，不同的看法和政策也同时存在。1899 年末，袁世凯在直隶以武力镇压义和团。山东巡抚毓贤对洋人多有敌意，这种态度终于导致 12 月 30 日新教教士卜鲁克斯（S. M. W. Brooks）在张家店被杀。处于权力顶端的皇宫大内也存在争论，两派意见针锋相对，一派认为应该联合义和团抵抗洋人，另一派则排斥义和团。慈禧太后的意见无疑将决定哪派占优势。

3 月 30 日，伯希和再次见到法国公使毕盛。4 月的大部分时间里，伯希和来往于天津和北京之间，自然也对义和团现象进行了研究。伯希和既不是记者，也不是军人，他的首要任务是收集材料。他用半价购买天津耶稣会的书籍，其中一些史料在当年 8 月出版的《研究》中有所提及。天主教遣使会会士多姆 · 吉尤（Dom Guillout）卖给伯希和一批关于 1870 年天津教案的书，耶稣会会计杜克莱（du Cray）教士也向伯希和提供了一些资料。此二人不久即将领教伯希和发怒时的火爆脾气。

1897 年天津至北京的铁路竣工后，两地之间来往不再有任何困难。4 月 26 日，伯希和携带书籍和现金返回北京，住在位于北京内城翻译学校所在地裕庚府邸[1]。北京西、北、东三个方向处于西山和蒙古高原包围之中，春天就已经酷热难耐。

1 裕庚时为驻法公使，伯希和可能是通过外交关系联系到其住所。作者原文误将“裕庚”（yukeng）当作地名。

这座城市建在一片多沼泽的平原之上，地处白河和支流红河之间。公元前1世纪，北京是燕国都城。后蒙古人在此设“旗”并建都，北京始为外界所知。当时城市的位置位于现在城市的东北部。13世纪，马可波罗来到这里，还在忽必烈的宫中做过停留。1420年，明朝第三任皇帝永乐在此建都，这里才有了今天的名字——北京，意指北方的都城。17世纪，满人攻占北京，基本维持了城市原貌。随着时间的推移，“北京”这一称呼逐渐被人遗忘。1900年时，当地人习惯将其称为“京”或“京城”（即首都）。当时的北京被泾渭分明地分为两部分，中间用城墙隔开，北部称为内城（或满城），南部称为外城（或汉城）。

内城布局方正，四周有城墙相围，共开有十一门，其中三门开向外城。内城街道笔直，重要机构大多设于此，其中较有名的有隆福寺和文庙。隆福寺是文人参加考试、获取功名的地方。17世纪，内城修建了三座天主教堂，分别是北堂、南堂和东堂。与天主教堂相邻的有18世纪修建的俄国东正教堂和19世纪开设的新教教会。1860年，各国紧邻皇家书院翰林院设立使馆区。

内城的中心是皇城，而皇城的心脏是紫禁城。紫禁城四周围以城墙和护城河，皇宫即在其中。紫禁城内有皇家园林和三片水域[1]，设有军机处、内阁、六部和其他国家机构。1860年

1　北海、中海和南海。

清朝与英、法交战之后，于 1861 年 1 月 19 日下令设立总理衙门，负责外交事务。只有它位于紫禁城外，离外国使馆区不远，以便协调与各国的关系。1900 年时，紫禁城的情况大致如此。当时没有地图可以指明慈禧居住的西宫，也无法标出已经辞世的慈安的东宫。西方外交官和军官很少有机会进入紫禁城，更不可能接近西宫或东宫。

汉人居住的外城呈长方形，四周的城墙上开有八扇大门，向所有人开放，包括外国人。人们一般从永定门进入外城，随即可看到雄伟的先农坛和天坛。来到天桥，便到了市井中心，那里店铺挨着寺庙，孔庙挨着住家，所有建筑都只有一层。百姓生活穷困潦倒，并且严重缺水。城中各色人等来来往往，熙熙攘攘。近些日子，街上出现一些头系红带的长发怪人，身上绣有奇异图案，看上去凶恶残暴。他们就是义和团？如果说这个秘密被内城城墙挡在了外面，而在外城，义和团就隐藏在人群之中。

4 月 25 日，上海一家周刊《北华捷报》发表了署名康有为的文章，言辞激烈。这篇讨伐檄文是康有为流亡期间撰写的。

> 慈禧和荣禄并非吾之君主，而仅是先皇的嫔妃和仆人。他们挟持、毒害幼主（光绪帝），频繁合谋，意与洋人签订协议，辱没先祖，出卖百姓。总理衙门乃操办此勾当之所在。慈禧和荣禄背信弃义，实乃罪魁祸首。先祖之盛名，所留之宫殿、城市、村镇、土地、关垒，以及吾辈之

财产、货物，乃至四万万同胞血肉之躯，皆将给予他人。

5月2日，康有为再次在《北华捷报》上发表文章，请求光绪帝归位。

光绪帝归位，中华将为之焕然一新。为推行变法，救国家于水火，吾皇所历之苦难实乃惨烈。

一、昔日吾皇身体健壮，如今面容消瘦，皆因太医受命为其服毒。

二、吾皇被困瀛台，与世隔绝，形同牢狱中之逆徒。

三、吾皇之追随者悉数遭排挤或杀害。

四、吾皇之足遭红铁烫伤。

五、吾皇之任何请求皆不准，每日只能以糙米充饥。

六、寒冬腊月，皇后亦不准添加衣物，只允着夏装。

吾皇如此蒙羞受难，吾辈岂能不为之愤慨？慈禧、荣禄之流迫害吾皇，实乃无耻叛贼，人人得而诛之。正如东瀛史上之反叛将军，民众亦可起而杀之。

在康有为看来，慈禧和荣禄牢牢地掌握着国家大权。前军机大臣[1]未能参加1月26日的祭祀大典。他被排挤在宫廷之外，应该尚不知新立太子溥俊之父端郡王已与董福祥将军和大

1　应指廖寿恒（1839—1903），当时任军机大臣上学习行走，支持康有为变法。

学士刚毅勾结在一起。三人正伺机寻求政治支持，以加强对慈禧和荣禄的影响力，所以自然将目光投向起兵造势的义和团。

5月12日，正当攻击洋人事件日益增多时，伯希和在两名法国翻译学生阿尔贝·菲特（Albert Feit）和亨利·弗利什（Henri Fliche）的陪同下骑马前往长辛店火车站。此站位于北京至汉口铁路线上，管理权掌握在法国手中。长辛店基督徒人数众多，还有一批法国人在那里维护铁路运营。当时局势十分平静，伯希和前去参观了古老的卢沟桥，马可·波罗曾经提到这座桥。15日，伯希和返回北京，在内城南堂参加了方殿华（Louis Gaillard）神父的葬礼。一个月前，伯希和在香港见过他。当时内城局势依然平静，但这种平静只是假象。第二天，一无名之辈在古观象台附近开枪打死一个德国旅行者，告示墙上也出现揭发外国人向井水投毒的文章。坏消息传至法国使馆，伯希和在旅行日记中这样写道：

> 保定府附近村镇教堂中，确认有七十名中国基督徒遇害。最新消息：长辛店附近一村镇六十名居民全部被开膛破肚。中国政府似有意煽动杀害本国基督徒，以达到驱逐外国传教士的最终目的。因为害怕报复，中国政府不敢直接针对欧洲人。北京城里虽无明显威胁，慈禧却也无意取缔义和团，可能是因为被立为太子的溥俊之父端郡王支持义和团。毕盛似乎想采取行动，他说到计划派遣海军和两艘军舰来应对可能出现的危险，帮助侨民撤离。

就在1900年3月16日这一天，《北华捷报》驻北京记者发表文章，详尽披露皇室与义和团串通一气的事实，警告外国人日后可能发生不测。

> 我以十分真诚和严肃的态度告知你们，一个大阴谋正在酝酿中，目标是要铲除所有在中国的外国人，强行收回他们的租借地。阴谋的主要策划者是慈禧、庆亲王、端郡王、刚毅、赵舒翘和李秉衡[1]。所用军队皆为满人，如庆亲王率领的神机营（五万人）、端郡王率领的武胜新队（即虎神营，一万人），刚毅等率领的皇家各旗军（一万二千人）。这七万二千人是所谓“复仇军”的核心，义和团只是这场大战的附属力量。危险已迫在眉睫，北京和外地的外国人可能尚未察觉。中国显贵对此都很清楚，已告知身边的外国朋友。但据我所知，外国人不仅没有感谢中国朋友的提醒，反倒对此嗤之以鼻……
>
> 在此仅举两例，以证明义和团在朝廷中的受宠程度。首先，直隶监察御史王培佑近日被慈禧召见，谈及义和团时，慈禧说：“你来自直隶，应该清楚直隶的义和团情况如何。你认为战事开始后，他们真会和朝廷一起攻打洋鬼子吗？”
>
> “太后，我确信，因为义和团的信条是‘誓死保卫天朝’、‘消灭洋鬼子’。作为您的仆人，我深信义和团定能

1　前黑旗军将领，在中法战争中击败过法国军队。

完成扫除‘洋鬼子’的使命。我家中老幼皆在练习义和拳，我们将一起‘保卫天朝，将洋鬼子扔进大海’。若我获得上谕，将率义和团担当先锋，与洋鬼子决战。在此之前，我将悉心调教义和团。”

慈禧点头同意，沉思片刻后，说：“是！义和团很重要，但我担心他们缺少有经验的首领，准备不足而贸然行事，令朝廷在洋鬼子面前陷入困境。”

她停顿一刻，继续说：“有了！直隶和山东的义和团应有首领加以领导。”

召见结束。次日上午，即1900年3月13日，朝廷下令，任命王培佑为顺天府尹。慈禧大笔一挥，一个六品官一跃成为京城四品大员，另外还兼管地方刑法！王培佑组织、调教、装备义和团的计划得以实现。

我举的第二个例子可以体现洋人目前所处的境地。天津教案发生后，除极端保守的官员外，绝大部分官员都已明令禁止使用“洋鬼子”的称谓。官府听到有人说“洋鬼子”，甚至对其施以杖刑。但我们看到，这种叫法不仅是义和团的战争号令，在慈禧口中也得到承认。

荣禄很长一段时间一直保持沉默，外界以为他会在庆亲王、端郡王、刚毅、赵舒翘在北京密谋行事和李秉衡在外地行事时站在皇帝一边。而且，荣禄内心亲近英国人，对此我很清楚。不久前的军机处议事中提及意大利和法国在中国南方的领土要求，荣禄一人提议将相关区域划归英国保护，并表示如俄国和法国企图报复，美国和日本将支持英国。只是最终朝廷采纳了庆亲王、端郡王、刚毅和赵舒翘的意见。

刚毅称："英国人洗劫了圆明园[1]，日本人占领了台湾，美国人将菲律宾华人视如猪狗，我们要跟他们算账。如果法国帮助俄国，尽管我们与法国有深仇大恨，但我们将更加强大。我认为应继续与俄国修好，因为我们与他们联手就能傲视群雄。只有联合俄国，英国才会在一旁俯首帖耳。"

其他官员一致认同，慈禧也用力点头称是。荣禄只得保持沉默，不再说话。

这段描述如同皮影戏一般，再现了慈禧如何在幕后操控局势，也让读者对紫禁城中的权谋与争辩有身临其境之感。

前黑旗军将领李秉衡、王培佑备受重用，迅速得到提拔，负责统领大刀会。端郡王吹嘘自己可以掌控义和团，慈禧却想直接对其施加影响。她有意让自己的心腹荣禄在议事时遭受挫折，让端郡王得到某种承诺，却又不引起荣禄的担心。总之，随着时局日益紧迫，慈禧手中掌握着两张牌：端郡王一伙负责冲锋陷阵，荣禄按兵不动。一旦义和团失利，荣禄负责与外国列强周旋。

上述文章发表三天后，毕盛收到直隶北境宗座代牧主教樊

1　原注：1860 年，英国人实施报复，洗劫圆明园。（译者注：圆明园被英、法联军洗劫。）

国梁[1]的来信。信中说，两千多名基督徒四处逃窜，无衣无食，无家可归。樊国梁认为，“宗教迫害只是幌子，真正目的是要把欧洲人赶尽杀绝”。进攻已经迫在眉睫，首先捣毁教堂，然后袭击外国驻京使馆。5月20日，以上猜测初步得到证实。北京城里又出现了告示，用华丽的辞藻鼓动民众在农历五月第一天赶杀外国人。

> 天宫里的玉皇大帝已深夜下凡到京城，加入义和团。众人上前跪拜，玉帝却一言不发。突然，一个可怕的声音开始控诉乱局，揭发洋鬼子多如毛发的罪行。义和拳首先要切断电报线，然后是铁路，最后将洋鬼子斩首。

法国使馆内一片慌乱。云南是与越南东京接壤的边境省份，当地法国侨民被困云南府的消息传出之后，法国远东舰队司令顾若尔（Courrejolles）将军带领十五名军官拜访了毕盛公使。伯希和发现军官中有两个昔日斯坦尼斯拉斯中学的同学，罗伯特·德斯波特（Robert Desportes）准尉和莫里斯·戈蒂埃（Maurice Gauthier）准尉。会晤的气氛十分紧张，毕盛和顾若尔建议向北京派遣得力部队，英国公使窦纳乐（Claude MacDonald）爵士不相信进攻已迫在眉睫，给法国人

1 樊国梁（Pierre Marie Alphonse Favier，1837—1905），法国人，义和团运动时期北京西什库教堂（北堂）主教。

的热情泼了一盆冷水。顾若尔返回天津时，他们仍未做出任何决定。5月24日夜，英国使馆举行花园酒会，庆祝维多利亚女王八十一岁生日。来宾共有六十人，一个葡萄牙人指挥中国乐队演奏着乐曲，气氛轻松随意。为表示对英国公使此前无知冷漠态度的不满，毕盛偕夫人提前离开了酒会。

5月26日，北京西边的保定府铁路遭到攻击。伯希和出于安全考虑离开裕庚寓所，住进法国使馆。第二天，朝廷军队与义和团结为联盟，烧毁了长辛店火车站和欧洲人住所。统率义和团大臣刚毅在总理衙门分别接见窦纳乐和俄国公使米歇尔·德·吉埃尔（Michel de Giers），承诺外国使馆不会遭到义和团攻击，还说义和团是“中国的敌人”。[9] 但就在第二天，包括长辛店车站在内的多个火车站遭到义和团攻击，朝廷军队并未加以制止。5月29日，伯希和带领一小队持有武器的人马前往长辛店。

> 最初听到长辛店火车站被烧的消息时，我就建议前去解救被困的同胞。只要武器精良，危险根本不值一提。（毕盛）公使起初也认为应该去，但胆小怕事之人影响了他的态度，致使他改变主意。为避免承担责任，他不许年轻的学生翻译陪我们一同前往，这些人是直接听命于他的。5月29日，我们六位欧洲男士和一位美国女士（北京饭店老板夫人）出发前往长辛店。当天晚上，我们轻而易举地把所有人都带了回来。我们离开长辛店半个小时

法国使馆的志愿兵。北京，1900 年 6 月。

> 后，身后才冒出滚滚浓烟，那是义和团放的火。虽然义和团懦弱到如此程度，我们也很想让他们为自己的胡作非为付出代价，但我们还是没能勒住哪怕一条红头带。[10]

伯希和所说的“勒住一条红头带”，是指杀死一个“懦弱”的义和团。他虽身为学者，却掩饰不住自己骑士般的好斗性格。如今的义和团正如中世纪的萨拉逊人，是绝对的敌人，而对付敌人只能还以武力。那时的伯希和依然年轻，依然有殖民者的心态。

外交使团一直犹豫不决，始终不肯请求援助，这让伯希和心生厌烦。英国人的观望态度和俄国人“始终支持慈禧和朝廷”的政策更令伯希和愤怒。义和团只是一群乌合之众。现在还等什么？更让伯希和焦虑的是，法国使馆武器装备不足，找不出“一件像柯尔特自动手枪、毛瑟枪、勒贝尔步枪之类的武器，只有一两把猎枪、没有弹夹的俄式伯顿枪，以及左轮手枪。我们不能孤军作战，英国人和俄国人的装备都很好”。[11]

伯希和返回使馆，见到前一天晚上从天津赶来的欧仁·达西（Eugène Darcy）上尉，他带来七十五名海军陆战队员。达西是典型的海军军官，在法国国内威望很高，是各种盛典争相邀请的对象。正是海军陆战队攻下了东京，也正是海军陆战队在孤拔（Courbet）将军的指挥下在台湾基隆港作战。法国海军梦想着有朝一日能与英国海军并驾齐驱。现在，保卫法国使馆的任务落在了他们肩上。

傍晚时分，达西率领的军队从天津乘火车抵达北京，在郊区的马家堡火车站下车[1]。他们在那里换乘有轨电车，一直坐到外城城墙根下。城墙上有刚张贴的告示，号召在农历五月初一（即5月28日）赶杀外国人，在端午节（即6月1日）最终起事。西方人将大刀会、白莲教、白云教统称为义和团。他们手持大刀，腰上和脚上系有红带，在人群中很好辨认，正是他们煽动杀害外国人。达西率领的是精锐部队，未遇抵抗便顺利通过永定门，进入外城。他们经过先农坛和天坛，来到天桥，那里有董福祥的军队把守。清朝军队和义和团一样，毫不掩饰求战的欲望，但无奈董福祥接到的却是相反的命令。

法国军队穿过点满油灯的大栅栏，一直到达前门，那是内城南城墙中间的一座城门，两边各有一座城楼。进入前门，便看到了紫禁城的城墙。清军主力依次排列在广场上：庆亲王的神机营、端郡王的虎神营和刚毅的皇家旗军。但当时双方并未开战，达西的士兵毫不费力便占据了有利位置。三十人在旗手保罗·亨利的指挥下驻扎于北堂，十五人驻扎在南堂。达西率领三十人在法国使馆。连同这支法国小分队在内，共有三百名外国士兵进驻使馆区，其中包括英国、美国、法国、意大利、日本和俄罗斯的军队。伯希和记述道，6月1日端午节这天，军队完成排兵布阵，一切准备就绪。演员已经登场，悲剧即将上演。

1　当时津芦铁路（天津至芦沟桥）修到永定门的马家堡。

第三章　北京（二）

白莲宗，白莲教

外国使馆区是位于紫禁城和内城南城墙前门、哈达门[1]之间的一片区域，外国人在那里享有与上海和天津租界同样的治外法权。使馆区方圆约一公里，御河从内城流过南城墙，再流经这里。使馆大街[2]横跨御河东段，从东向西经过多个皇城城门，一直通往哈达门大街，即东大街。使馆区内共有德国、奥匈帝国、比利时、西班牙、美国、法国、英国、意大利、日本、荷兰、俄罗斯这十一国使馆。区内也有不少商家店铺、货栈，

1　亦称哈德门，即崇文门。

2　东交民巷。

还有银行、邮局、海关和北京饭店等数家饭店。当然，不能忘了还有北京俱乐部（Peking Club）。通常情况下，中国人也可以进入这片高档国际区域，因为皇家车园、翰林院、肃王府（人们通常称之为“府”）都在使馆区内。自从七十名中国基督徒在北京西边的保定府附近教堂被杀后，紫禁城旁边的使馆区及各个基督教区内的人口增加了五倍。

将近九百名分散在京城各地的欧洲人、美国人和日本人现在都跑到这里避难，挤在各自国家使馆配楼或附属建筑内。另有两千四百名中国基督徒占据了英国使馆附近的“府”邸花园。使馆区原有外国守军约一百人，各国（英国、俄国、法国、美国和日本）又增派了三百人作为支援，于5月29日至31日期间到达使馆区。

法国使馆占地面积约十公顷，位于使馆大街和海关大街[1]之间。使馆内并非只有一栋建筑，而是有十二座小楼，平时分别住着公使、外交官、访客和用人。使馆内还有一座小教堂、一个马厩、一个花园和一片网球场。6月1日，除毕盛公使夫妇、在职外交官和用人外，使馆迎来了保护其安全的达西上尉和三十名士兵，还有一部分法国志愿者，其中包括伯希和。

片刻宁静之后，6月2日，局势再度紧张。两名英国传教士罗宾逊（Robinson）和孟鹤龄（Norman）在京郊被杀。6月3日，奥匈帝国使馆楼顶上树起了战旗，三十名克罗地亚

1 即现在的台基厂大街，当时法国人也称之为马可波罗大街。

水兵刚刚前来增援，一台马克沁机枪已经准备就绪。尽管如此，次日，奥匈帝国使馆一等秘书的夫人保拉·冯·罗斯托恩（Paula von Rosthorn）在海军上尉特奥多尔·里特·冯·温特豪特（Theodor Ritter von Winterhalder）和中俄银行经理欧仁·维尔法特（Eugen Wilfarht）的陪同下骑了一圈马。他们一行三人先在内城的城墙上溜达。一圈下来，看到外城里有无数的义和团，怒气腾腾地聚集在一起。罗斯托恩被这番场景吸引住，抱怨忘了带相机。随后，他们来到哈达门大街。路过总理衙门和文庙之后，他们在经过内城北门安定门时被清军拦下，于是调转方向，最后从东边的东直门出了城。他们遭到一队义和团追赶，经齐化门[1]摆脱追赶，高高兴兴地回到奥匈帝国使馆。使馆坐落在海关大街北段，离法国使馆仅五百米。当时针对“洋鬼子”的包围还没有形成，他们仍然认为最糟糕的情况可以避免。[1]

年轻的伯希和身上燃烧着与义和团决斗的熊熊烈火，但他还是耐着性子，从 5 月初开始跟随一位汉族文人学习汉语。翰林院与法国使馆只隔两条街，且紧邻英国使馆，时运不济的维新派人物康有为曾在翰林院任职。754 年，唐玄宗创建翰林院，以备查问文学和语言问题。清朝时，翰林院分东、西两院，满、汉掌院学士每个月都要开九次会。翰林通过考试选拔而出，是中国知识分子中的精英。皇帝的参谋和秘书都从他们中

1　元朝时称朝阳门为齐化门。

间挑选，皇亲国戚和大太监的老师也出自这里。翰林负责诠释孔孟之道、编纂历史、修订皇历、整理各科图书。欧·吉拉尔（O. Girard）神父研究过翰林院，对其赞不绝口，认为它在某种意义上堪称“历史法庭”。

> 我们确切地知道，中华帝国创建之初即在国家官方机构中设立了史馆，成员均为刚正不阿、学识渊博之士，负责将国家大事如实记录下来，流传给后人，并以同样公正的态度记录下皇帝的优劣品行。我们认为，其他任何机构都无法与这一著名法庭相提并论，没有能力像它那样使中国免受危险变革之祸和滥用权力之害。[2]

尽管翰林院久负盛名，有时仍不免愚钝不化。例如1747年法国开始编纂《百科全书》时，欧洲地理学界关于五大洲的说法被中国斥为“无稽之谈”，因为这与中国占据着世界中心的说法不一致。被伯希和不无得意地称为“我的中国文人”的老师利用课间带他到翰林院旁边的书店购买了大量书籍，法国远东学院提供的经费几乎快被伯希和花光了。也正是通过这位文人，伯希和得以与中国社会进行直接接触。然而这种关系的建立并非一帆风顺，伯希和在5月3日见的第一个文人两天之后就爽约了。每个学习汉语的学生都应该有自己的老师，但当时正值局势动荡，中国人与外国人的关系变得十分复杂。学习翻译的法国学生魏鲁达（Véroudard）此前甚至被中国老师问过这样的问题："法国使馆夜间是不是真有鬼怪出没，还能推开大门，挪动家具？"[3]

义和团编造的鬼怪故事流传甚广，说中国遭到洋鬼子侵占，法国使馆是最危险的地方之一，经常有鬼怪出没。类似的谣言让中国文人心惊胆战，他们担心因为和外国人进行交易而被义和团斥为叛徒。伯希和的中国老师就"表现出异常强烈的愿望，希望能到印度支那去，因为在他看来，自己的国家目前没有安全可言，而且将来会更加糟糕。他的要价一降再降，我却闭口不谈买书的事，他甚至托人告诉我六十美元也能接受。我觉得五十美元就能成交，机会实在难得"。[4]

趁着使馆区还没有遭到正面攻击，外出也没有太大危险，伯希和决定在一个半月内带他的中国老师返回西贡。那个时候，对被人们统称为义和团的各种组织的政治、宗教属性，伯希和似乎还没有充分的了解。伯希和在写给法国远东学院院长路易·菲诺的信里粗浅地把义和团描述成"得到中国朝廷暗中支持的疯狂、极端组织，一帮歇斯底里、头脑发热的骗子"。直到 1900 年 6 月初，法国使馆对义和团的认识还非常模糊，甚至肤浅。而在英国使馆，有关描述则更加明确："白莲教的歪理邪说像野草一样不断蔓延。"[5] 这样的评价不乏诗意，也更加准确。

6 月 5 日，京津铁路黄村站被烧。从前一天起，罗斯托恩夫人只得待在自己的小世界里，通过打网球和骑马打发时间。5 日晚上，伯希和准备了一顿丰盛的晚餐，帝国大学法语和体育老师吉得尔（Léon de Gieter）、翻译生阿尔贝·菲特和欧仁·达西上尉出席了晚宴。“我们四个人度过了一个愉快的夜晚，拿义和团说笑，憧憬未来的计划。”[6] 达西这样写道。他和朋友们毫不怀疑白种人将战胜被他们嗤之以鼻的黄种人。近六十年来，中国在所有战争中不都失利了吗？如果这一次中国胆敢铤而走险，它要应对的将不是一个国家，而是多国联军。现在，各国军舰已经游弋在中国的海域里了。

6 月 6 日，慈禧匆匆忙忙返回紫禁城，战争倒计时正式开始。有谣言称，慈禧前一天夜里在颐和园的卧室中听到鬼怪“杀！杀！”的喊声。7 日，使馆区与外界的联系被切断，基督徒大量涌入各国使馆避难。次日，慈禧主持军机处议事，主张和解的荣禄再次屈服于端郡王和澜国公[1]两兄弟，他们已经掌控了义和团，还和领导军队的董福祥结成了联盟。是日，伯希和来到紧邻紫禁城北边的北堂。内城依然显得平静，只是伯希和沿途看到很多士兵和义和团成员。各种谣言莫衷一是，有的说朝廷遣散了六千名士兵，有的又说慈禧明令荣禄绞杀义和团。

伯希和回到使馆时，看到毕盛公使正和欧洲各国、日本及美国公使开会。毕盛提议使馆整体撤至天津，可惜“其他人认为这样做相当于宣战，所以表示反对。中国朝廷如此不堪一击，他们到底还在犹豫什么”？年轻的伯希和简直要按耐不住了。

6 月 10 日，英国海军少将西摩尔（Seymour）率领的一

1 爱新觉罗·载澜，光绪帝堂兄。

支千人增援部队被中国军队打退至天津。至此，局势再也无法挽回。当天下午，端郡王和三个义和团首领控制了总理衙门，并且向外界宣称，西摩尔部队的行动被视为不友好行为，清朝军队已经忍无可忍。11日，日本使馆书记杉山彬（Akira Sugiyama）走出使馆区，在未受任何阻碍的情况下穿过外城，但当他来到位于天坛和先农坛之间的永定门时，被董福祥手下的朝廷军队扣住。杉山彬要求清兵释放自己。他本想前往天津火车站，但那时天津已经开战，他被清兵当场斩首。当天夜里，战争的锣鼓已经敲响，使馆区内一片凄凉，中国仆人纷纷逃离使馆区。与外界的联系被切断后，各国使馆还一直在等待西摩尔将军前来救援。12日下午，清廷为了麻痹外国人，派人前往使馆区。来人表示西摩尔的军队抵达京城后即可进入使馆区，他们会受到中国军队的礼遇。而实际上，中国军队在前一天夜里已经把他们赶到了天津，被困在使馆区内的人对此却一无所知。

6月13日，战事爆发以来，首次有两个腰缠红带、脚系红绳的义和团手持大刀进入使馆区。这两个人被俘虏后押送到德国公使克林德（von Ketteler）男爵面前。克林德抓住其中一个人的辫子，把他摔倒在地上，然后拖进使馆关押起来。清廷要求使馆放人，但遭到拒绝。克林德决定第二天在东运河桥上将其处死。

这件事引爆了火药桶。义和团开始大规模屠杀中国基督徒和为洋人服务的中国人。下午五点半，义和团进入哈达门，烧毁了美国新教主教教会。外国志愿者开枪射击，打死五名义和团。沙莫（Chamot）夫人用卡宾枪吓住七名义和团，沙莫先生趁机关上哈达门，拿走钥匙。但那时为时已晚，大批义和团已经涌进来。他们窜到哈达门大街上，点火烧了英国教会，旁边总理衙门前的清朝守兵没有加以阻止。同样在哈达门大街上，距离不到两百米的地方，义和团还放火烧着了东堂，里面的教民和传教士全被割断了脖子。随即，大批民众从东堂方向经海关大街进入使馆区，企图占据奥匈使馆，但克罗地亚水兵用机枪疯狂扫射，驱散了人群。罗斯托恩夫人这才舒了一口气。当时她正在跟伯希和打网球，不得不停下来。伯希和看到形势危急，便和一帮法国侨民冲出法国使馆，朝哈达门大街上的义和团开枪射击。一个小孩被误打死。这些法国人的行为十分过火，因为没有人向他们下令开枪。伯希和跟这些人不顾毕盛公使的命令，继续前往南堂。凌晨两点，他们带着传教士和教民返回使馆区，自认为救了他们的命，否则他们肯定会被杀死。

14日十一点，达西上尉看到南堂方向冒起一柱浓烟。毕盛公使刚把伯希和批评了一顿，说他行为鲁莽，现在伯希和又自告奋勇，要和当时恰好在京的海军陆战队上尉拉布鲁斯（Labrousse）以及好友吉得尔教授一起前去迎战。使馆街口、海关大街街口与前门和哈达门之间的南城墙上都竖起了路障，使馆区已经四面设防。美国人和俄国人负责守卫西南方向前门一带，法国人和德国人负责东南方向和哈达门，意大利人和奥匈人负责东北方向的海关大街和哈达门大街，西北方向由英国人和日本人负责。晚上七点，大量中国人涌向前门外城墙，嘴里喊着："杀！杀！烧！烧！"德国人朝人群开枪，但义和团还是在午夜时分攻破了前门。在哈达门大街上，义和团在黑暗中挥舞着火把，奥匈使馆内的机关枪向外吐着火舌，比利时使馆陷入一片火海。

伯希和东奔西跑着，俨然一个十足的"洋鬼子"。15日晨，他经毕盛公使许可，带领十二个法国人再次前往南堂。

> 歹徒从南堂逃窜出来，中间混杂着一些基督徒。我们朝他们开枪射击。义和团一伙伙地跑出来，猫着腰，指手画脚，肆无忌惮地向我们靠近，打头阵的是一群小孩，我们开了三枪才肯往后退。
>
> 我们一共带回百余名教民。
>
> 美国人和俄国人后来也去了南堂，又打死几个义和团，带回两百名教民。第三次是英国人（和德国人），逮捕了一些义和团，带回一些教民。
>
> 另外，公使就昨天的态度向我道歉。[7]

伯希和的战争热情进一步受到鼓舞。外交手段已无用武之地，他一贯反对的优柔寡断此时也更显得不合时宜。伯希和显然记住了考狄的教导："说到中国人，应该牢记一点，即除了和外国人有利益关系的商人外，所有中国人都对外国人存有戒心，甚至怀有敌意。"[8]

大约一两千中国教民躲进使馆区，使馆区内总人数激增到三千八百人，其中包括一千四百个外国人和两千四百个中国教民。不少中国教民身上有烧伤，他们被安置在肃王府的庭院内。

6月16日，局势进一步恶化，毫无挽回的可能。慈禧得知西摩尔少将的部队占领了天津下游海河入海口的大沽炮台后，开始任凭主战派端郡王的军队自主行动。下午一点左右，前门以南的外城着起大火，火势迅速蔓延。传言称义和团决定烧掉出售欧洲物品的商店。前门也陷入大火之中。美国人亚兰（R. Allen）目睹了这可怕的一幕：

> 前门外火势凶猛。没多一会儿，整个外城就变成一片火海。火药店和爆竹店也被点燃，火苗冲天，有的高达二十多米，一直烧到城墙根。我吃完午饭，爬上南城墙察看火势，一直到下午五点。商人们奋力抢救财物，把东西扔进干枯的护城河里。奇怪的是，那些商人并没有大吵大闹，而像一群蚂蚁一样安安静静、认认真真地劳作着，只听到木头在火中发出的噼啪声和房屋倒塌时的爆裂声。我们仅看到极少数义和团打扮的人。
>
> 前门是个弧形城门，有两扇半圆大门朝向南北。只有皇帝可以走正门，普通行人只能走另外两个较小的城门，然后通过走廊，来到通往紫禁城的大街上。外国人把小城

> 门和走廊戏称为伯灵顿拱廊街[1]。下午三点半左右，西边的走廊起火。四点，整个前门全部着火。大部分外国军队杀死中国人时并没有太多顾虑。今天，我们的军队在奥匈使馆附近的一座小庙遭遇三十来名义和团，他们口中念念有词，正打算砍杀绑在墙上的教民。水兵们把他们包围起来，全部杀光。[9]

随后的几天局势相对平静，仅仅在6月17日，德国士兵与董福祥的军队发生了摩擦。但直到那时，保卫使馆的军队只向民众和义和团开过枪。6月19日下午，清廷下达最后通牒，宣布进入战争状态，并要求外国人在二十四小时内离开京城。作为回应，外国使团要求第二天上午九点到总理衙门商讨撤离事宜。当天晚上，准备撤离的工作已经开始。罗斯托恩夫人把最必需的物品塞进背包，准备应付长途跋涉。没准需要徒步走到海边呢，因为天津城内也正在交战。20日上午九点十五分，清廷仍未就商议撤离事宜做出回应。德国公使克林德男爵决定采取行动，亲自前往总理衙门要求端郡王做出明确承诺，保证使馆人员安全。

克林德带着翻译前往奥匈帝国使馆，随后打发走身边的随从，坐着轿子来到哈达门大街上。起初并没有人阻拦他，但就在快抵达总理衙门时，一颗子弹突然打穿轿子窗户，射进他

1 伯灵顿拱廊街（Burlington Arcade），伦敦经典高档购物街。

的脑袋。开枪的人不是义和团，而是一名清军士官。事件发生后，奥匈使馆上下震惊，认为使馆区已经岌岌可危，于是全部撤了出去。旁边的海关人员也随即撤走。快中午的时候，毕盛公使收到清廷一封信，紧张气氛有所缓和。奥匈使馆和海关人员决定返回驻地。没想到下午四点时，他们又得撤走，因为前一天的最后通牒已经到期，清军开火了。战事首先在海关大街爆发，法国使馆一下子成了最前线。

达西上尉决定夺回奥匈人刚刚放弃的海关大街路障，那里距离法国使馆东北岗哨只有几米远。拉布鲁斯上尉、伯希和以及吉得尔教授也加入了守军的队伍，遭到三十来人的“猛烈攻击”。下午五点，水兵让—马利·朱拉尔（Jean-Marie Julard）被中国人射死。毕盛公使决定将法国使馆人员与英国使馆人员汇合在一起。在英国使馆开会时，各国公使一致同意成立高级防卫委员会，英国公使、前英军少校窦纳乐任总指挥。

这是一场持久战的开始，法国使馆是主战场之一。东面的使馆街上有个叫做“意大利”的路障，因为该路障离意大利使馆较近；北面海关大街上，伯希和在那里驻扎。6 月 21 日拂晓，这两个地点同时遭到义和团攻击。守军武器先进，义和团难以与之抗衡，损失惨重。清廷对义和团的态度依旧很暧昧，似乎有意不向他们提供军事补给，任凭他们充当炮灰。使馆区战事正酣，紫禁城内荣禄派和端郡王派也争斗不休。前方的每次胜利或失利都会引起一场激辩。另一方面，各国立场之间的分歧也加剧了清廷内部意见的分化。法国人依旧信不过俄国人，认为他们两面三刀。英国人和美国人对法国人存有戒心，认为法国对华宗教政策和在云南的殖民路线是引起战争的原因之一。各国都有自己的小算盘，行动难以统一。6 月 22 日，中国人差点趁机占了上风。首先是美国人不顾中国军队可能占领南城墙、俯视使馆区的危险，决定撤走在前门的守军。随后，奥匈人不顾毕盛公使的反对，要求法国使馆撤走，因为他们认为已经守不住了。最后，英国人两次决定撤离，后又改变主意，险些造成腹背受敌。

6 月 23 日，趁着使馆区内一片混乱之际，董福祥的军队从北面对英国使馆发起进攻。为切断对方的进攻路线，英国人准备占领翰林院。翰林院里的编年史、文集、辑录、印章等都承载着中国历史的记忆。艾伦神父当时正在英国使馆内。他描述道，使馆内明显分成两派：一派是知华派，即“老人”，认为中国人非常重视传统，不敢轻易毁掉无比神圣的翰林院；另一派是“新人”，把中国人看作野蛮民族，认为他们不会把翰林院当回事。后来艾伦神父发现，事实被“新人”言中，因为中国人宁愿烧毁翰林院，也不愿让英国人占领。后来窦纳乐提出共同抢救翰林院，遭到清廷明确拒绝。[10]

这场灾难可与亚历山大图书馆[1]被毁相提并论，称得上是一种文化自杀行为。其实并非清廷拒绝合作，而是被义和团及

1　位于埃及亚历山大，历史上曾是世界上最大的图书馆。建于公元前 3 世纪，后毁于火灾。

其同党端郡王掌控的总理衙门在董福祥的默认下拒绝合作。两天前克林德被打死就已经证明了这一点。义和团只是中国众多教派中的一支，其他如大刀会、白莲教、三合会、天地会等，无不将满人视为异族，无不以推翻 1644 年满人建立起来的清朝为目标。即使各教派首领暂时同意和满清贵族联合，他们也绝不会改变最终目标。事实上，无论在汉人的朝代，还是在满人的朝代，中国各类秘密社团一经创建者的奇思妙想构建出来，便始终与朝廷保持着十分微妙的关系。被烧毁的翰林院藏书中有一本很有意思的典籍，伯希和手中也有一册。这本叫做《佛祖统纪》的著作成书于清代之前，伯希和在其中找到一些不为其他汉学家所知的信息，涉及白莲宗和白云宗的起源、理论基础和发展历史。这两个教派是义和团的源泉。年轻的伯希和作为政治、历史研究专家，在返回河内后翻译的第一批著作中就有这本书。

在伯希和之前，《佛祖统纪》已经吸引了一些汉学家的注意。另一名研究中国秘密社团的专家、荷兰人高延（De Groot）刚刚引用过其中的部分章节。与伯希和不同的是，他没有发现该书作者释志磐在第五十四卷[1]末尾有三段“述事魔邪党”的内容，其中提到了推崇食素的白莲宗和白云宗。实际上释志磐引用的是 13 世纪忽必烈时期的僧人宗鉴的有关记载。早在那时，宗鉴已经对这些邪教进行了严厉的批判。

1 此为大正藏本原书五十五卷，大正藏删除空目，改为五十四卷。

而白莲、白云处处有习之者。大抵不事荤酒，故易于裕足，而不杀物命，故近于为善。愚民无知，皆乐趋之，故其党不劝而自盛。甚至第宅姬妾，为魔女所诱，入其众中，以修忏念佛为名而实通奸秽。有识士夫宜加禁止。[11]

伯希和从宗鉴的叙述中了解到，白莲宗创建于1130年前后，即宋高宗初期，创始人是“吴”地（即现在的江苏苏州）延祥寺的茅子元。

劝诸男女，同修净业。自称白莲导师，坐受众拜。谨葱乳、不杀、不饮酒，号白莲菜。受其邪教者谓之传道，与之通淫者谓之佛法。相见傲僧慢人，无所不至。愚夫愚妇，转相诳诱，聚落田里，皆乐其妄。有论于有司者，正以事魔之罪，流于江州。[12]

《佛祖统纪》中有如下关于白云宗的记述：

白云菜者，徽宗大观间，西京宝应寺僧孔清觉居杭之白云庵，立四果十地造论数篇，教于流俗，亦曰十地菜。觉海愚禅师辨之，有司流恩州。嘉泰二年，白云庵沈智元自称道民，进状乞额。臣僚言，道民者吃菜事魔，所谓奸民者也。既非僧道童行，自植党与，千百为群，挟持袄教，聋瞽愚俗。或以修桥砌路敛率民财，创立私庵为逋逃

> 渊薮。乞将智元长流远地，拆除庵宇以为传习魔法之戒。奏可。[13]

宗鉴和尚总结道：

> （白云）几与白莲相混，特以妻子有无为异耳。亦颇持诵，晨香夕火，供养法宝，躬耕自活，似沮溺荷蓧之风，实不可与事魔妖党同论。其愚疾诞妄自贻伊戚者，亦为有识之士所恶。[14]

白莲宗和白云宗都是在12世纪初宋朝时期由邪恶僧人创立，在元朝得到发展，并合流成白莲教。该教受到朝廷打压，被佛教僧侣和翰林院学士视为异端，长期处于地下状态。白云宗常以十人或百人为一组，强征民税，组织结构带有政治和军事色彩。白云宗也正是通过这种组织方式在明朝得以延续。1744年，白莲教不堪官府重压，在山东起事，遭到满族皇帝乾隆镇压，首领被押至京城，在乾隆面前处死。1805年，也就是义和团起事前九十五年，嘉庆皇帝曾试图将白莲教的矛头引向基督教，但白莲教还是参与了1813年7月13日进攻紫禁城的行动，皇帝险些被推翻。白莲教成员遭到大规模杀戮，但之后又快速扩充。咸丰帝时期，白莲教参加太平天国运动，还与黑旗军一道参与了中法战争。1900年6月23日，白莲教成立近八百年之后，它又出现在火烧翰林院的战斗中，而翰林院里的藏书也控诉着它的歪理邪说。

伯希和就是这样一边手持着武器，一边学习着汉语。他一边研读达梅斯特泰教授推崇的《科学的对象》，一边战斗，因为当时白莲教正在与法国交战。这个古老的邪教在抵抗满族人、英国人、法国人等浑身长毛的外族入侵时充当了急先锋。在他们看来，中国基督徒可与欧洲人眼中的“第五纵队”划为一类。伯希和与达西上尉不同，他不是军人，来北京的目的不是参加战斗，但毫不犹豫地充当了志愿兵。对于伯希和而言，在北京学习汉语的过程和在顺化一样，既是政治的，也是军事的。正是在战斗中，未来的汉学大师伯希和完成了他最初的一些学术成果。

他刚完成的重要发现让他认识到，义和团并不仅是一帮杀戮成性的顽劣之徒，还继承了悠久的历史和古老的传统。年轻的伯希和视野正在发生变化，尽管他的笔记中还流露出因循守旧的痕迹。

如果说这位二十多岁的年轻人的翻译和评论体现出了学者风范，他的日记却不乏黑色幽默：

> 6月23日，十一点。一个中国人在我面前被打死。杀人的木匠让我们把尸体抬走，还要求我们替他保守秘密。6月24日，六点三十分。我们城墙上走动的时候，看到美国人在桥上喝威士忌和苏打水。6月25日，七点。整个晚上不停传来哒哒的枪声。早上，北方号角声大作，人声嘈杂。[15]

需要特别指出的是，当各方激战正酣时，被围困的法国人依然保持着自己的社会秩序，表现出一种高卢式的良好心态。他们讨论最多的，也是最令人不满的，就是补给条件让人大失所望。达西上尉是现场军事指挥官，他受伯希和鼓动，在使馆政治领导毕盛公使面前极力维护自己的队伍。

“下午两点，达西向毕盛说起价值六百美元的鹅肝酱，可我们连一瓶都没看到。”伯希和这样写道。他在研究报告中甚至没有忽视陆路食物供应的情况。毕盛对自己的酒窖严加看管，伯希和是这样描述的：“下午五点，毕盛写信给达西，通知他可以使用酒窖里的矿泉水。”但达西仍不肯罢休：

> 大米匮乏，蔬菜更紧缺。我发现有人甚至为了一盘土豆以权谋私。酒水相对充足。除了沙莫家的藏酒外，我们还有毕盛先生的整个酒窖。他临走之前交代了一项任务：不能把这几百瓶上好的葡萄酒留给中国人。尽管酒窖周围有严密看守，但我怀疑水手们已经偷偷摸摸地把很多酒转移到了那些缺少宗教信仰的敌人找不到的地方。至于军官和志愿者，他们已经细心地把两三百瓶香槟藏在第二道防线以内。在英国是找不到这些东西的。[16]

虽然以上说法振振有词，毕盛夫人却表示抗议，认为那纯粹是抢劫。两种说法显然非常矛盾。

“6 月 26 日，八点。巴托林（Bartolin）向我们讲述说，毕盛夫人谈及法国普通平民抢劫她的酒和罐头时是这样说的：他们比义和团有过之而无不及。他认为这是针对我而言。此外，贝尔托（Bertaut）昨天已经大致向我证实了这些。”伯希和写道。显然，伯希和已经被归入“野蛮人”的行列。27 日，胜利终于到来了：“四点。毕盛先生在这儿的时候，第二个受伤的士兵被抬了进来。他叫勒克盖尔（Lecoquel），髋部受伤，但不太严重。公使非常热情地邀请我们品尝他的酒、食品和香烟。”这是毕盛夫人妥协的结果。达西上尉继续用外交口吻描写道：“毕盛夫人也慷慨地施舍给我们一些罐头储备，但水手们对这些不太感兴趣，他们只打开些松露和蘑菇罐头。啊！那可是松露啊！我们借着不能把这些东西留给中国人的名义，在每道菜里都加了松露：头盘有马肉，主菜是烤母骡肉，甜点有黄油。我们所有的军官和志愿者一起在安多阿尔（d'Anthouard）先生的饭厅吃饭，他正在日本休假。为我们服务的是他的招待员，做饭的是他的厨师……我们发现，他酒窖里的藏酒不亚于毕盛先生。”

这一帮人终于可以在法国使馆内坐下来吃顿饭了。包括军官和志愿者一共二十五人，坐在安多阿尔男爵的藤椅上，当时男爵也许正在日本旅行。那天负责张罗的是在奥匈使馆的“难民”罗斯托恩伯爵夫人，马蒂尼翁（Matignon）医生把自己的房间让给了她。志愿者中除了伯希和、吉得尔、魏鲁达和翻译生外，还有当时恰巧在北京休假的吉·欧仁·德·肖莱（Guy-Eugène de Cholet）子爵、意大利人普里莫·本维尼蒂

(Primo Benvenuti)、汉口至北京铁路线工程师乔治·布亚尔(Georges Bouillard)和他的同事埃德蒙·马蒂厄(Edmond Mathieu)。除此之外，当然还有达西和他的军官们、奥匈公使、罗斯托恩夫人的丈夫纳色恩(Arthur von Rosthorn)、比利时使馆秘书利奥波德·梅热林克(Léopold Merghelinck),以及南堂(6月13日烧毁)神父达达里奥(d'Addozio)。罗斯托恩夫人受到“法国人吸引”，认为他们“大多出身较好”，与克罗地亚水兵不同。她看到餐台上堆满了酒瓶子，有来自不同地区的酒，对此她很满意。那天没有按照老一套上马肉杂烩，而是上了当时“流行”的碎马肉饼，还有油炸面包粉母骡肉片和其他好吃的东西。难怪罗斯托恩夫人在战争回忆录里这样写道:“我们的日子过得很好！”

他们几乎忘了在6月末的时候，战争正处于最激烈状态。28日上午，法国使馆遭到三次攻击，但中国人在十一点时撤退了。“我们利用这段间歇吃午饭。主持午餐的是罗斯托恩夫人，这位年轻的女士激发出了我们的勇气。我们嘲笑敌人的懦弱，并坦言说，如果我们面对的是四五百黑人，而不是四五千天朝军队，就没有闲情逸致一边吃着松露马肉，一边品尝勃艮第最好的葡萄酒了。”达西这样绘声绘色地记述道。

打开香槟的时候，勒格洛阿内克(Le Gloannec)中士被清廷军队安置在前门城楼上的散弹击中，尸体从屋顶上掉下来。下午三点，大家把他和一个克罗地亚水手一起埋进花园里。第二天下午一点三十分，宴会再次被迫中断，因为海军尉官埃尔贝尔（Herbert）在同一地方倒下。防守的军队被迫放弃海关大街和使馆大街的街垒。进攻者立刻从西墙打开一个口子，战火烧进了使馆区内。罗斯托恩夫人面部被油火轻微烧伤，马蒂尼翁医生对她进行了治疗。30 日凌晨两点，在海关大街一侧，中国人拆毁了毕盛酒窖的外墙。七点四十五分，毕盛带来一条轰动的消息：天津的援军到了，董福祥的军队将四散而逃。伯希和耸耸肩膀，说："太棒啦！中国百姓不会抵抗援军的，只剩下义和团了。清廷绝对不敢冒险和所有列强开战！那是自不量力。"

事实上，根本没有援军到达，战事还在继续。使馆区依然在坚守，但内部气氛已不再是歌舞升平，而更像是屠宰场。

7 月 5 日，应罗斯托恩夫人要求，德国公使德贝洛（de Below）在客厅举行了一场钢琴独奏会，现场还打开一桶葡萄酒。当时，德国使馆已经落入中国人手中。中国人发动攻击时，音乐会暂时中止。枪决了被俘的中国人之后，音乐会继续进行。7 日下午，伯希和写道："攻势猛烈。中国人从废弃的厨房进来，还放了火。我在那儿打死两个中国人。晚上，战斗还在继续。我困得不行了。"毕盛的酒窖成了激战的舞台。伯希和在那里大开杀戒，不留活口。

8 日，伯希和写道："发现五个间谍，抓住三个，一个受伤逃跑。这些人是董福祥派来放火的。虽然中国人用大炮打开了口子，但北堂没有烧毁。庆亲王的军队在我们军队前面。我们面对城里十七个连的敌人，共计八千五百人整，都是董福祥的军队。清兵和义和团相互厮打，乱成一片。义和团不占优势，撤出了京城，但慈禧应该还在京城！董福祥的士兵不敢亲自放火，派苦力来挖洞偷袭，然后放火。提供这些情报的是本城区的一个苦力，他受董福祥的士兵指使来泼油放火。前两个苦力已经处决，他是第三个，提供完有用的信息后也被杀死。他还说欧洲人的军队被董福祥的军队挡在城外，进不来。这显然是别人告诉他的，因为他没有解释南边的炮声是怎么回事。”

10 日，伯希和写道："今天相当平静。又抓住三个苦力，还在东墙根杀死几个。远处依然有炮声。另外还杀死两个奸细，没有什么有用的情报。北堂遭到多次攻击，但依然完好。7 月 11 日，德斯特朗（Destelan）九点时过来了，告诉我们在日本人的街垒北边发现了义和团。我方用枪和刺刀杀死十六个义和团和两个苦力。"

这就是伯希和所谓“平静”的一天。

下午四点，荣禄的一个士兵在北巷街垒被斩首，头颅扔到了中国人营地里。“这个士兵本是清廷派来保护我们前往天津的，”达西记述道。即使在此时此刻，无可救药的浪漫主义者达西依然这样写道：

> 罗斯托恩夫人始终和我们在一起，她的表情还是那么柔美，那么和蔼可亲。即使她已经意识到危险的存在，也能很好地加以掩饰，在她脸上看不到任何焦虑不安。仅仅当她丈夫无需冲锋陷阵却经常冲在前面时，她才表现出担

> 心。无论是军官、水兵，还是志愿者，她对所有人都嘘寒问暖，关怀备至。需要她的时候，她总能出现。罗斯托恩夫人最关心的是我们的病号，她能按照马蒂尼翁医生的要求搞到炼乳，为痢疾病人做粥或汤。她真是个出色的主妇！她杜绝浪费，把最后几听罐头留给伤员。她像女神一样保护着我们，直至战争结束。[17]

战斗在毕盛的酒窖中继续着。中国人在里面修起了工事，还挂起两面旗子，一面白底红字，上写“李”，另一面白底蓝字，上写“鲍”。法国人非常厌恶这两面旗子。伯希和在两名水手的帮助下点燃了工事，趁着中国人救火的空隙，用铁钩钩下“李”字旗。中国人大为光火。伯希和发现这是荣禄军队的“右旗”，遂将捷报传到大客厅。罗斯托恩夫人开了一瓶意大利“花草茶”烧酒以示庆祝。随后，伯希和来到英国使馆，将旗子交给法国公使保管。在六个月的时间里，法国远东学院年轻的寄宿生已经成长为伯比尤中士手下的钢铁英雄。尽管这样的战绩没有实际意义，而且反倒引发了中国人的血腥还击，但还是在不久的将来为伯希和赢得了荣誉军团骑士勋章。当时伯希和年仅二十二岁！这些所谓的战绩和残忍的行为，完全是殖民主义的体现。伯希和作为志愿者抢夺了荣禄的军旗，为自己披上了所谓英雄的外衣。伯希和继承了卫道士的传统，成为学者战士，他的传奇故事从此开始。在伯希和一生中，他始终牢记这一角色，并抓住所有机会加以表现。

志愿兵伯希和夺取荣禄军右旗。北京，1900 年 7 月 12 日。

1900 年 7 月的头几天，白莲教及其盟友制定的战术毫无进展，他们既没有在朝中或衙门里争得权力，也没有攻下使馆区。由于中国中南部地区地方政府和军队对义和团持敌视态度，所以其活动范围主要集中在北京、天津、直隶和山东。继 6 月初西摩尔领导的军队失利之后，使馆区再次组织抵抗，也借机整编了力量。增援部队不断赶往京城，义和团和清军已经占领天津，天津的外国人处境岌岌可危。在这种情况下，西摩尔军队在几周内就能抵达京城，使馆区只要再坚守一段时间即可。然而战事爆发以来，慈禧太后不顾阻挠，有意与“温和保守派”大臣和将军保持一致，赞成或默许中国和外国之间实现某种“共存”。因此，6 月 10 日义和团占领总理衙门后，荣禄并未被罢免，地位反倒有所加强，当时和端郡王以及义和团首领共同把持总理衙门的庆亲王也未被罢免。同样，朝廷重臣、外交家李鸿章和袁世凯也没有被罢免，二人始终在清朝政局中占据着核心位置。在军事失利和政治局势的影响下，庆亲王和董福祥等义和团盟友和伙伴开始考虑改变立场。

我们知道，伯希和在战斗中表现勇猛。此外，他在处决俘虏之前总要先粗暴审讯一番，对敌人进行观察和研究，从而随时掌握对方阵营中形势的变化。义和团在内城和外城占据着街道，5、6 月间还发动对使馆区的进攻，但慈禧在 6 月 6 日向保持中立的庆亲王下令剿灭义和团，后又于 27 日向荣禄下达同样命令。西方人起初以为这些命令都是假的，但没想到真得到了执行。6 月 21 日，伯希和记录下清军向义和团开枪的情况。这是误会吗？开枪的恰恰是庆亲王麾下的清军。6月29日，一个从大峪（Taiyu，距离北京东南八公里）来的伦敦内地会[1]成员告诉伯希和，两天前他看到义和团因害怕欧洲军队而大规模撤退。7月1日，毕盛证实了清廷和义和团关系出现严重裂痕的消息。伯希和本来不太相信，但在9日那天，他发现对面阵营中只剩下董福祥和荣禄的军队。达西下令处决了他们的一名俘虏。12日，伯希和缴获了他们的军旗。义和团是暂时后退也好，彻底撤退也罢，都给双方和解带来了机会。接下来还需要一段平静时期，期间不能处决太多俘虏！

13日的夜晚对伯希和而言已经足够平静。水兵莱讷（Laine）在14日凌晨被打死。早晨六点，德国使馆方向传来吓人的枪声，随后在伯希和曾经缴获对方军旗的酒窖里也传出枪响，达西上尉头部轻微受伤，一枚炸弹在索馨别墅（Maison Saussine）爆炸。毕盛有些绝望：

> 敌人举着火把进入坍塌的建筑物内，放火之后点燃了炸弹。蓝厅及附属建筑，还有暖房、餐厅、一大一小两个客厅、我的卧室、工作间统统都没了……我原本以为无法克服某些夜晚给自己带来的恐惧，但我没想到，这一夜才是最可怕的！最后的大屠杀就要开始了！[18]

1 即中国内地会（China Inland Mission，CIM），是由英国人戴德生牧师于1865年创办的超宗派、跨国家的基督教差会组织，1964年更名为海外基督使团（the Overseas Missionary Fellowship或OMF International）。

下午两点，德国人来了，他们是来向法国人祝贺国庆的。所有人都很激动，高唱《马赛曲》，只是毕盛仍然很绝望：

> 我们的使馆已不复存在。燃油、火药、子弹、炮弹过后，只留下一面面烧焦的墙体，黑乎乎地矗立在我们筑起的街垒对面，满身疮痍。中国的旗子挂在墙上，使馆仿佛成了被占领的地区。场面看上去十分凄惨，但尚能让人找到一丝安慰，因为达西上尉和他的水兵们，还有奥地利军士，以及志愿者们都表现得可钦可佩。纵观战争史，很难找到比他们更加勇敢无畏、以少胜多的例子，他们为自己的名字写下了浓墨重彩的一笔。可是，这场战斗会为世人所知吗？我写下的这几行文字命运又将如何？将来是否能有哪怕一个幸存者来证实我所讲述的一切？大火窥伺着这篇围困日记，正如死亡窥伺着我们一样——如果中国人的炮弹没有击中我们，我们也会亲手结束自己的生命，彻底做出牺牲。[19]

毕盛不会战死的。这一场枪林弹雨已经是战斗的尾声。当天下午，一名南堂基督徒返回英国使馆，此人之前被派往天津。他说自己被清军抓住后遭受了酷刑，身上满是淤青。达莱拉克医生发现他臀部受过挤压，睾丸已经被挤碎。被俘期间，他被带到一名朝廷官员面前，官员自称是荣禄。荣禄交给他一封写给英国公使的信，承诺他只要带回公使的答复，就一定会保住他的性命。伯希和发现这封信并未按官文格式书写，也没有随信名帖。行文风格更偏向于文学作品，而非官样文章，甚至问候语都显得不同寻常：

> 来信署名启秀，称我方军队向清朝军队开火应是出于误会，要求我方停火。该官员邀请各国公使前往总理衙门避难，以免受到中国军队侵扰，否则将无法保证他们的安全……7月15日，克洛德（Claude）爵士以个人名义答复中方称：在所有文明国家，外国公使人身不得受到侵犯，战争时期亦是如此。中国人首先开了火，中方停火我们才停火。我们在使馆内比在中国人那里更安全。我们可以一直坚守到增援部队到达。如果中方希望改过自新，为犯下的大错赢得宽恕，就应派人举白旗来进行和谈，我们将保证来人的安全。

16日，果然有三名中国密使举着白旗来了，他们带来了中方希望和解的愿望。克洛德爵士开始和他们谈判。

第二天，即7月17日，紫禁城内发出二十一声炮响，这是停战的信号。两名清兵挥舞着白手绢来到德国使馆。他们被蒙上眼睛后带进英国使馆。其中一个人说，前一天晚上荣禄已经下令停战，还说天津发生了一场大战，清军失利后撤向南方。他透露说，聂士成将军已经自刎身亡，李鸿章奉命守卫中国北部地区。中国已经奄奄一息了……

在法国使馆区内的清兵和苦力爬出街垒，走向被围困的外国人，开始和他们交谈。中国人带来一些零食（两个甜瓜和一个桃子），一个中国人还向法国人献殷勤。按照现在的说法，伯希和就是在那时候“搞出了点事情”。

下午一点，温特尔特（Winterhalter）上尉、达西上尉以及伯希和来到公园里，一直走到中国人用毕盛公使办公室的残垣断壁垒起来的路障。中国人走出路障，向他们表示友好。伯希和跟他们交谈，他们伸手时还与他们握手，然后出其不意地跳过路障，消失在中方阵营深处。清兵抓住伯希和后把他带到一位官员面前。官员并没有虐待伯希和，而是派十五个人护卫他穿过城市，来到一个衙门里（可能是荣禄的衙门）。伯希和在那儿见到两个身穿蓝顶官服的官员和一个身穿珊瑚顶官服的官员。对方问及外国军队的实力、部署和意图，还问及外国军队是否同意在中国军队引领下撤退。伯希和极力避免回答，称自己只是普通百姓，没办法回答这些问题。官员们决定带他去见荣禄。就在这时候，一个苦力带来达西上尉的书信，后者显然十分担心，“命令伯希和立刻返回”。

伯希和用汉语回答苦力说，他正和荣禄一起品茶，吃水果。荣禄对伯希和很和蔼，甚至有点喜欢上这个法国青年，因为伯希和能说一口非常讲究的汉语，这让荣禄吃惊不已。他们当时谈论了什么？伯希和在《北京札记》第三册里对此只字未提。伯希和下午六点回到使馆，只向毕盛公使做了汇报，毕盛此后也未再提及此事。这件事也许是两人决定共同保守的第一个秘密。此后他们之间还会有更多秘密，下文中我们将能看到。伯希和对达西仅仅说了句："我被挟持到荣禄将军面前，身不由己。荣禄详细询问了我们的武器、弹药、生活物品储备情况和财政状况，之后派一队人马护送我回到法方营地，沿途保护我不受义和团侵扰。"

《北京札记》中的记述在 1900 年 7 月 17 日戛然而止。但当时围攻使馆区的战事仍在继续，期间打打停停，一直持续到 8 月 14 日英国、美国、俄国、法国军队进入京城。伯希和对战斗已经不太感兴趣，他将注意力转向了自己真正的使命。

伯希和肩负着为法国远东学院图书馆和博物馆购买图书及文物的任务。使馆区遭围困之前，他已经购买了一系列相对完整的关于印度支那、印度尼西亚以及中国与东京接壤省份的书籍。围困解除后，他发现 6 月 13 日翻译生住所的那场火灾烧毁了他放在那里的一部分藏书，这让他很难过。他收回残存的书籍，随即又开始大规模收集书画和珍本。1900 年 11 月 4 日，伯希和返回河内，带走一批明朝初期书画、乾隆皇帝手书《法华经》第一卷，以及从翰林院火灾中拯救出来的两卷《永乐大典》。

慈禧太后逃到陕西西安期间，李鸿章负责与外国列强进行和谈。谈判从 10 月开始，前后持续了一年，最终签订的条约使中国事实上沦为列强的保护国。中国停止进口武器辎重；赔款四亿五千万两白银；承认外国使馆区享有治外法权，禁止中国人进入使馆区；拆毁大沽口炮台，北京与渤海的交通联系受外国联军监控。1901 年 2 月 23 日，慈禧废黜一年前立的“大阿哥”溥俊，光绪重掌皇权，端郡王和澜国公被流放至新疆。义和团运动一直持续到 1908 年，但期间遭到强力镇压，没有取得任何实质性胜利。

中国战败后饱受凌辱，在获胜的西方列强眼中，中国已沦为一件物品和科学研究对象。伯希和作为东方学学者，在北京期间毫不犹豫地维护西方帝国主义。他扫射过中国人，枪决过中国人，砍杀过中国人，认为自己的所作所为完全理所当然。此外，他还是使馆区被围困期间唯一一个跳过路障跑进中国人阵营，见到过荣禄、澜国公和义和团首领，以及其他重要人物的人。他受到了礼遇，和那些重要人物长时间进行交谈，而中国人原本可以将他处死。他的所见所闻为西方人提供了审视中国的新视角，他对中国的痴迷程度也进一步加深。

第四章　吴哥

“但所献轻陋，愧惧唯深。”

1900年底，伯希和带回河内的中国著作为研究中国历史提供了丰富的材料，同时也为研究中国周边国家历史提供了一些佐证。在中国官修史书中，留有派驻外国的使者关于这些国家的详细描述；同样，外国来华使节也对中国进行了细致入微的记录。中国与中亚和东南亚多个国家邻近，在这些相邻或相近的国家中，柬埔寨是伯希和及法国远东学院最想深入研究的国家之一。

18世纪末，柬埔寨面临被越南整个“吞噬”掉的灭顶之灾。越南占据了交趾支那，暹罗[1]强占了柬埔寨西北部省份。柬

1　泰国古称，1949年更名为泰国，意为“自由之国”。

埔寨为了生存，只得于1863年勉强接受法国“保护”。1884年，在茹费里的推动下，柬埔寨沦为法国保护国。国家虽已丧失独立，但诺罗墩（Norodom）国王为维护自身尊严，领导了人民起义运动，迫使法国给予柬埔寨人民更多尊重。“我们不想当他们的主人，只想成为他们的首领、导师和保护人”，[1]法国驻扎官勒克莱尔这样写道。实际上，法国更倾向于在柬埔寨推行某种公开的殖民主义，而不是从暹罗手中抢回柬埔寨西北部省市。被暹罗占领的地方包括诗梳风、马德望、蒙哥博雷和吴哥，而吴哥是9至15世纪高棉王朝鼎盛时期的首都。自从杜达尔·德·拉格雷在1863年至1867年率领舰队达到吴哥，以及德拉波特的绘画进一步向世界展示了它的辉煌之后，法国人一直梦想着有朝一日占领吴哥，使其成为法国印度支那殖民地的瑰宝和象征。1900年，碑铭学者爱莫尼尔（Etienne Aymonier）出版了题为《柬埔寨——当今王朝》（*Le Cambodge, le Royaume actuel*）的著作，其中不仅涉及柬埔寨现有领土，还包括高棉王朝在西北部丢失的地区（类似法国阿尔萨斯—洛林地区）。

埃米尔·塞纳尔[1]看到爱莫尼尔的著作后，向法兰西学院金石与美文学院宣布：“这本书出现得很及时，总结了我们取得的成果。我们在西贡的学校（指法国远东学院）才成立

1 埃米尔·塞纳尔（Émile Sénart，1847—1928），法国印度学家、法兰西文学院院士，曾任法国亚洲学会会长。进行了很多有关印度古代碑铭学的研究，翻译了一些佛经和印度教经典，以及《奥义书》的很多篇章。

不久，如果它发展前景良好，将为柬埔寨考古研究注入新动力。”[2] 这几句话被解读为法国通过外交手段向暹罗施压，迫使其放弃属于柬埔寨的省份（后通过 1904 年和 1907 年条约得以实现），同时也给远东学院发出了一个信号。后来，远东学院通过伯希和进行了反驳。[3]

正如学者之间最司空见惯的做法那样，伯希和从攻击爱莫尼尔老先生的著作入手，指责其中没有提到安邺的《印度支那探险记》（*Voyage d'exploration en Indochine*），而该书对爱莫尼尔的作品“有很大贡献”。爱莫尼尔认为，柬埔寨和公元 1 世纪被中国人称为扶南的地方是一个国家，伯希和对此不持异议。而在另一个不太重要的观点上，即爱莫尼尔认为扶南和真腊也是同一个地方，伯希和以自己掌握的史料为依据，明确提出不同意见。这本是一场专家之间的辩论，只有研究历史的人才会感兴趣，但当时恰逢法国和暹罗之间存在矛盾，伯希和掌握的中国史料又明确显示，从 1 世纪初开始，后来的柬埔寨已经成为中国的附庸国。在伯希和收集的中国史料中，中国人对扶南人的看法和扶南人与中国人在外交接触中的交谈方式都体现了这种附庸关系，即进步社会与“野蛮社会”之间的关系，也就是君主国与附庸国之间的关系。

中国文人陈寿在 3 世纪末写的《三国志》是第一部正式提到扶南的著作。《三国志》中说，一个叫做吕岱的人在吴国（220—280）第一任国君孙权时期封番禺侯（广东和东京一带），“又遣从事南宣国化，暨徼外扶南、林邑、堂明诸王，各遣使奉贡”。然而这些地方从公元前3世纪或前2世纪开始，已经在印度水手和传教士的影响下开始印度化，扶南是这些国家中最重要的一个。扶南是Khmer Bnam（或phnom）的汉语写法，意思是“山”。其领土从今天的越南南部一直延伸到马来半岛，首都是毗耶陀补罗城，即“猎人之城”，位于今天柬埔寨东南部波萝勉省内。扶南国的地位不容忽视，但中国3世纪派往该国的两名使节康泰和朱应的描述却多少带有一些惊异：

> 扶南西去林邑三千余里，在海大湾中，其境广袤三千里，有城邑宫室。人皆丑黑拳发，倮身跣行。性质直，不为寇盗，以耕种为务，一岁种，三岁获。又好雕文刻镂，食器多以银为之，贡赋以金银珠香。亦有书记府库，文字有类于胡。丧葬婚姻略同林邑。

中国使节发现扶南风景秀丽，但对当地人赤身裸体在街上行走感到震惊，认为有失体面。使节向当时的国王范寻谏言，国王为满足他们的要求，下令男人必须在腰间横系一块麻布，称之为干漫，这便是沙笼[1]的鼻祖。扶南的文字记载后被中国史家和使节系统、忠实地转述回国，其中就有关于柬埔寨建国的神话传说，即来自印度的婆罗门憍陈如（混溃）与高棉公主叶柳结为连理的故事：

1 指一种服装，类似筒裙，由一块长方形的布系于腰间。

> 其王本是女子，字叶柳。时有外国人混溃者，先事神，梦神赐之弓，又教载舶入海。混溃旦诣神祠，得弓，遂随贾人泛海至扶南外邑。叶柳率众御之，混溃举弓，叶柳惧，遂降之。于是混溃纳以为妻，而据其国。后胤衰微，子孙不绍，其将范寻复世王扶南矣。

因此，中国唐代以前对真腊每年或隔年一次派使节朝拜中国皇帝的历史均有记载。使节通常会带来黄金、首饰、香料和大象。中国人不喜欢大象，觉得它们外形怪异，十分危险，所以会将其退回。

中国和附庸国扶南之间的从属关系可以从另一个侧面得到印证，即 5 世纪时扶南国王阇耶跋摩曾长篇累牍地向中国皇帝上书，力陈忠心的同时，请求中国对付扶南的敌人占婆国王。

> 是以臣今遣此道人释那伽仙为使，上表问讯奉贡，微献呈臣等赤心，并别陈下情。但所献轻陋，愧惧唯深。伏愿天慈曲照，鉴其丹款，赐不垂责。

阇耶跋摩不惜一切代价想要推翻占婆国王，最后中国于 416 年将占婆国打败。为了达到目的，阇耶跋摩像对待神灵一样对待中国皇帝，同时又十分注意外交礼节。

> 陛下若欲别立馀人为彼王者，伏听敕旨。脱未欲灼然

> 兴兵伐林邑者，伏愿特赐敕在所，随宜以少军助臣，乘天之威，殄灭小贼，伐恶从善。平荡之日，上表献金五婆罗。今轻此使送臣丹诚，表所陈启，不尽下情。谨附那伽仙并其伴口具启闻。伏愿愍所启。并献金镂龙王坐像一躯，白檀像一躯，牙塔二躯，古具二双，琉璃苏鉝二口，玳瑁槟榔柈一枚。

释那伽仙深谙中国统治者的习惯。阇耶跋摩得益于他的巧妙应对，最终达到了自己的目的。附庸国和宗主国、被保护国和保护国之间的关系在此表现得淋漓尽致。法国根据1884年签订的《中法新约》[1]中涉及东京和安南地位的条款，希望继承中国在印度支那的宗主国地位，享有提审、判决和干预的权力。在这方面，伯希和翻译的中国史料可以证明中国在印度支那享有特权，从而为法国在印度支那行使同样特权提供了依据。伯希和的译著提供了原则性的参考文献。除此以外，还应该找到一个与此密切相关的例证。于是伯希和在菲诺的指导下，和爱莫尼尔、卡巴东一起重新翻译中国使节周达观于14世纪初撰写的《真腊风土记》[4]。最早的译文是东方学家雷慕沙（Abel Rémusat）在1819年完成的，当时他掌握的主要参考资料只有清朝百科全书式著作《古今图书集成》的部分节

1 即《中法会订越南条约》或《越南条款》，又称《中法和约》、《李巴条约》，是1885年6月9日清朝与法国签订的关于结束中法战争的不平等条约。

选，而伯希和在北京获得了《集成》的初印版，共六十八箱。此外伯希和还有收录在 15、16 世纪明朝不同辑录里两种版本的《真腊风土记》。

伯希和及法国远东学院翻译了周达观这位在康泰和朱应之后一千年派往柬埔寨的使节所记述的内容，这些史料在两方面具有极其重要的政治意义。一方面，它证明了暹罗对柬埔寨的独立构成威胁时，后者始终和中国保持着从属关系。另一方面，它为吴哥的归属问题提供了非常重要的历史依据。吴哥当时仍属于暹罗，法国掌握了绝好的外交理由，可以要求暹罗将吴哥和西部省份归还柬埔寨。

9 世纪，阇耶跋摩二世国王建立吴哥王朝。五百年后的 13 世纪末，该国停止向中国进贡。1283 年，蒙古将军阿里海牙以忽必烈汗的名义征服占婆后，派两名官吏前往柬埔寨，但使者派出后便音信全无。1295 年，铁穆耳继承忽必烈皇位不久即决定派员出使柬埔寨。柬埔寨正面临邻国暹罗扩张的严峻威胁，当时暹罗各部落已经团结在素可泰王朝兰甘亨皇帝周围。兰甘亨被视为暹罗国的缔造者，他和缅甸、占婆国王一样，也承认了中国的宗主国地位，并于 1292 年向中国递交“金书”。现在轮到柬埔寨承认中国的地位了。根据藏文材料，中国称柬埔寨为真腊，蒙古称其为甘勃智。

为此，中国于 1296 年 3 月派使者在温州乘船，经福建泉州港到达占婆，再经过头顿，4 月抵达柬埔寨。一同前往的还有学者周达观。受季风影响，他们被迫停止前进，后沿湄公河而上，很可能一直走到了磅清扬洞里萨河港。他们在那里改乘一条更小的船，渡过浩渺的洞里萨湖，最终于8月抵达吴哥。这趟旅程前后持续了六个月。

当时，周达观看到的吴哥已经发展到我们今天了解的程度。从阇耶跋摩七世在位的12世纪末至13世纪初开始，吴哥城经历了大规模修建过程。城市以吴哥通王城为中心向四周扩展，东西两侧各有一个大水塘，北面是圣剑寺，南面是巴肯寺和吴哥窟。今天我们在吴哥看到的遗迹在周达观到访时基本都已建成。虽然阇耶跋摩二世将佛教奉为国教，但此后婆罗门教湿婆派掀起了一场反佛教运动，大量佛教造像、碑刻和浮雕遭到破坏，甚至被拆毁。吴哥的衰败由此开始，直至1431年王室和大部分当地居民迁离此地。

周达观最初的描述是关于吴哥通王城的，他称之为“州城”，即被城墙围绕的城市，从梵语“城市”（Nagara）一词演变而来。这是阇耶跋摩七世在周达观到达前一个世纪修建的城市中心。周达观在雄伟的城墙前驻足，发现城墙上共有五座城门。

> ……门各两重。惟东向开二门，馀向开一门。城之外皆巨濠，濠之上皆通衢大桥。桥之两傍，各有石神五十四枚，如石将军之状，甚巨而狞。五门皆相似。桥之阑皆石为之，凿为蛇形，蛇皆九头，五十四神皆以手拔蛇，有不容其走逸之势。城门之上有大石佛头五，面向四方。中置

其一，饰之以金。门之两傍，凿石为象形。[5]

石将军是毗湿奴[1]传说中搅乳海里的鬼怪神仙，石佛首是阇耶跋摩七世十分看重的大慈大悲的观音菩萨，吴哥通王城的城门和桥梁也极具观感，这些都给中国文人周达观留下了深刻印象，但尚未让他痴迷。他的描述简单而朴实，如果他对婆罗门教和佛教文明有更多了解，那么对吴哥神像的描写将更像考古学家。

原作者周达观和译者伯希和之间有很多共同点。伯希和反复修改自己的译作，直至去世才算罢休。

根据周达观的描写，吴哥通王城门禁止狗和割去脚趾的罪犯进入。他进入城中，穿过城市。百姓的住所都是木质结构，覆以蒿杆，达官显贵的房顶则是瓦片。他来到一个地方，“有金塔一座，傍有石塔二十余座，石屋百余间”，这就是巴戎寺，阇耶跋摩七世的皇家大庙。再往北走，他看到“有铜塔一座，比金塔更高，望之郁然，其下亦有石屋十数间”，这是巴芳寺，优陀耶迭多跋摩二世国王在11世纪中期建造的高大建筑，当时高棉帝国正值婆罗门教湿婆派苦行者当政。据亨利·帕门蒂尔估计，巴芳寺高度超过五十米[6]，难怪引发周达观高声赞叹，并认为它极其壮观。

紧接着，周达观来到罗贞陀罗跋摩二世国王在10世纪建

1　印度教三相神之一。

造的空中宫殿。他从中国来到这里，不正是为了见到国王吗？所以这里才是此行的真正目的地。宫殿里有一座金塔，周达观同样给予赞叹，虽未过分渲染，但仍难掩内心的激动：

> ……修廊复道，突兀参差，稍有规模。其莅事处有金窗棂，左右方柱上有镜，约四五十面，列放于窗之旁。其下为象形。闻内中多有奇处，防禁甚严，不可得而见也。

周达观没有见到国王，但他听说国王每晚都要去金塔顶过夜。有廷臣对他证实说：

> 土人皆谓塔之中有九头蛇精，乃一国之土地主也。系女身，每夜则见。国主则先与之同寝交媾，虽其妻亦不敢入。二鼓乃出，方可与妻妾同睡。若此精一夜不见，则番王死期至矣；若番王一夜不往，则必获灾祸。

中国最早的使者到达这里一千年后，有关柬埔寨起源的神话传说丝毫没有减少本身的生动和鲜活。每天晚上，同样的故事还在上演。国王和化成女人的九头蛇精结合，正如古时的憍陈如和叶柳公主那样。这是最神圣的时刻，这样的私密场所禁止世俗凡人和外国人进入也完全合情合理。如果结合被迫中断，或者国王没来，再或者蛇精没有出现，大祸便会降临。这就是周达观记录的神话传说，康泰和朱应之后的史家也都是这样描述的。这种神秘的仪式体现了柬埔寨和印度的交融，也在中国和印度之间建立起了某种联系。

距离吴哥东北三十五公里的地方有一座圣山，名叫荔枝山。9世纪初，阇耶跋摩二世国王在那里修建了最初的吴哥城。为了修建首都，阇耶跋摩二世选择了一座红土山头。在神话传说里，憍陈如和蛇王的女儿就是在那里相爱的。如今那个地方仍叫做中国园（Ran Cin），因为在远古时代，一条中国帆船曾在那里搁浅。柬埔寨的传统和传说交相辉映，如果说当地宗教受到了印度影响，那么政治上联系最紧密的还是中国。

周达观了解到，1295年他还没离开中国的时候，吴哥宫廷发生过一起政变。老国王阇耶跋摩八世在位四十二年时，驸马因陀罗跋摩发动了军事政变，老国王被迫让位。

> 新主乃故国主之婿，原以典兵为职。其妇翁爱女，女密窃金剑，以付其夫，以故亲子不得承袭。尝谋起兵，为新主所觉，斩其趾而安置于幽室。

周达观还了解到，吴哥王朝曾进行全民动员，抵抗兰甘亨大帝的暹罗王国的进攻。新国王改变了反佛教政策，他也许希望占婆教徒和占人口大多数的佛教徒能够达成和解。为寻求保护，因陀罗跋摩向中国皇帝表达了敬意。周达观对因陀罗跋摩的服饰也进行了一番描写。当时只有国王的衣服上可以出现多个花枝图案。只见他头戴金王冠，发髻上别着好似茉莉花的芳香花环，脖子上挂着大珍珠，大概有三磅重，另外还戴着手镯、金戒指。他光着脚，脚掌和手掌都染成红色。他每年出宫四五次，手里总拿着金剑，这是吴哥王朝权力的象征。“凡出时诸军马拥其前，旗帜鼓乐踵其后。宫女……手执巨烛……又有宫女，皆执内中金银器皿及文饰之具，制度迥别，不知其何所用。又有宫女，手执摽枪摽牌为内兵……其诸臣僚国戚，皆骑象在前……又其次则国主之妻及妾媵，或轿或车，或马或象，其销金凉伞何止百余。其后则是国主，立于象上，手持金剑。象之牙亦以金套之。打销金白凉伞凡二十余柄，其伞柄皆金为之。其四围拥簇之象甚多，又有军马护之。”

这段对国王出宫的描写是唯一一段文字记载，因为20世纪初的柬埔寨和越南、中国一样，已经不再保存历史档案。这段文字流传很广，以前和现在都在中小学甚至大学里教授，《真腊风土记》的译文由此成为柬埔寨历史记忆中的重要一章，因为其中不仅有对国王的记录，更有对民众的细致描述。

中国文人周达观曾住在当地人家中，对近距离接触过的人持着一种高傲和戏谑的态度。他写到，“蛮俗人物粗丑而甚黑”，所有人都绾着发髻，光着膀子，只在腰上系一块布（即沙笼，出于中国人的强烈要求），赤着脚。无论男女，都喜欢熏檀香、麝香和其他香料。这个地处东南亚的国家气候炎热，当地人无论白天黑夜都要数次沐浴，暴露成癖，屡教不改。即使在一千年前，这种有失体统的行为已然让康泰和朱应惊骇不已。

> 不分男女，皆裸形入池，惟父母尊年在池，则子女卑幼不敢入。或卑幼先在池，则尊长亦须回避之，如行辈则无拘也。但以左手遮其牝门入水而已。或三四日，或五六日，城中妇女三三五五咸至城外河中澡洗。至河边，脱去所缠之布而入水。会聚于河者，动以千数，虽府第妇女亦预焉。略不以为耻，自踵至顶，皆可得而见之。

周达观深谙中国传统礼数。他对当地的了解不断深入，发现当地人私生活中让他感到惊愕的地方不计其数，妇女产后的措施更是吸引了他的注意。“番妇”生产之后立即用一种加盐的热米汤涂抹阴部，促使外阴收缩，如此可以“收敛常如室女”。周达观刚听说这种做法时根本不相信，但后来有机会加以证实，因为他这样描述道：“既而所泊之家有女育子，备知其事。且次日即抱婴儿，同往河内澡洗，尤所怪见。”在他看来，这样的故事比巴芳寺更有吸引力。

通过日常接触，周达观发现当地人的一些风俗实在让中国人难以接受。

> 又每见人言：番妇多淫，产后一两日即与夫合，若丈夫不中所欲，即有买臣见弃之事。若丈夫适有远役，只数夜则可。过十数夜，其妇必曰：“我非是鬼，如何孤眠？”淫荡之心尤切。然亦闻有守志者。

骄奢纵欲、有失体统，周达观对这些典型的陋习都有极为详细的描述。他甚至提到了一种骇人听闻的习俗“阵毯”，态度也从惊愕发展到斥责。

> 富室之女自七岁至九岁，至贫之家则止于十一岁，必命僧道去其童身，名曰阵毯。……向上好僧皆为官户富室所先，贫者不暇择也。官富之家，馈以酒米、布帛、槟榔、银器之类……盖以一岁之中一僧止可御一女，僧既允受，更不他许。是夜大设饮食、鼓乐，会亲邻，门外缚一高棚，装塑泥人、泥兽之属于其上。……闻至期，与女俱入房，亲以手去其童，纳之酒中。或谓父母亲邻各点于额上，或谓俱尝以口，或谓僧与女交媾之事，或谓无此。但不容唐人见之，所以莫知其的。

伯希和通过翻译周达观的著作，体会到这个中国人身上有隐忍和谦卑的优良品德。忽必烈的使者周达观总结的经验没有被法国东方学者伯希和丢弃：对世界的看法应如实客观，而不应凭主观想象。吴哥人的风俗习惯也许会让人震惊，但未必需要改变。在伯希和心目中，周达观和沙畹、考狄、列维一样，也是一位大师。

13 世纪末，吴哥正处在宗教集团统治下。这些集团属于三大教派，首先是属于婆罗门教的学者（“班诘”），他们是印度化的御用文人。周达观对这些人的描述不多，因为他们既没有学校，也没有特定的传教场所，“亦难究其所读何书”。第二类是身着藏红色僧袍的佛教僧侣（即苎姑，暹罗语是 chao-ku，意为“老爷”），他们的寺庙里供奉着用铜或陶土制成的佛像，蔬菜、水果、谷物、鱼和肉都是贡品。他们有很多写在棕榈叶上的佛教典籍，字是黑色的，周达观完全看不懂。第三类是道教苦行者（八思惟），他们崇拜男性生殖器，“如中国社坛中之石耳”。

对周达观而言，苦行者比学者和僧侣更显神秘。20 世纪初，当伯希和在翻译周达观的《真腊风土记》时，这三类人在吴哥和外省仍然存在。僧侣依旧住在吴哥窟、巴戎寺和其他寺庙内，依旧在念经诵佛。在吴哥的发祥地荔枝山上，依然可以看到很多苦行者。他们住在雕有壁画的洞穴中，在河中净体，砂岩河床上刻着男性生殖器。他们坚守着吴哥的传统习俗，他们所说的高棉语也源自当年周达观遇到的先辈们使用的语言。

1907 年，即伯希和拿到周达观的《真腊风土记》并完成翻译四年之后，暹罗将西部省份归还柬埔寨。法国远东学院以法国在印度支那的政策为指引，完成了考察任务，取得了重要科研成果，也为柬埔寨收回领土做出了贡献。领土回归之后，考古学家立即根据周达观的记述在吴哥展开工作。在一个刚刚对外有所开放的地方进行此类工作，可谓不小的成功，而伯希和则是这项工作中的明星。这位年轻的战士、学者内心涌动着为法兰西帝国外交事业效力的坚定信念，虽然他的方式显得并不那么直接。周达观在《真腊风土记》里提到了皇道、宫殿和庙宇，这些都是吴哥帝国的象征，也为法国勘定柬埔寨和暹罗边界提供了参考依据。虽然暹罗把扁担山脉山脊当做边境线，但也有一个例外，即 11 世纪苏利耶跋摩一世国王根据梦中湿婆吉黎萨（山神）指示修建的柏威夏寺。这座建筑让人叹为观止。泰国至今仍对此耿耿于怀。

伯希和在河内被任命为汉语教师后，经常返回中国购买书籍写本。他身上的骄傲、自大和不可一世丝毫没有减少，但随着这位翻译大师著作的增多和经验的积累，他身上也发生着一些改变。他不再把远东地区完全看作所谓的科学研究对象，而是当成自己的家。因此，他不仅是征服者，同时也是旅行者、观察者和研究者。

然而，伯希和的职业生涯开始于风云际会的年代，他本人又获得了很多荣誉，这些都加剧了他野心的膨胀。伯希和令人费解之处在于，他不仅追求学术成就，还追求个人成功，不仅要当学者，还要当政治家。这是怎样的天才！怎样的多面手！汉学家伯希和喜欢舞刀弄枪，显然既不是基督徒（虽然他喜欢与神职人员接触），也不是共和派（虽然他有为公众服务的意识）。他更像是活在文艺复兴时期，是与荣禄和澜国公一样无所顾忌的冒险家，与周达观和其他中国文豪一样的文人。

第五章　丝绸之路

“智人如骏马，驽骍所不及。”

1904年，伯希和回到法国。导师们要求他密切关注中亚局势，包括科研领域之外的某些事件。伯希和立即投入到这项新任务中。

清朝政权日渐衰弱，英国和俄国趁机巩固在中亚地区的统治地位。从19世纪60年代开始，俄国人先后攫取了梅尔夫(木鹿)、希瓦、布哈拉和撒马尔罕，俄国领土从里海一直扩展到天山，直至与新疆接壤。俄国向南一直扩张到阿姆河，以及希罗多德和马其顿的亚历山大时代的妫水河畔。这给英国人实施“前进政策”（forward policy）提供了很好的借口。查谟—克什米尔土邦于1849年归附西藏和新疆。英国维多利亚女王的军队加强对该地区管控之后，又在 1880 年打赢第二次英阿（富汗）战争，将阿富汗纳为保护国。虽然英国探子已经在中国西藏和新疆活动了一段时间，但这两个省份依然未被纳入大英帝国。探险家和科学家到来之前，特务、政客和别有用心的旅行者已经在那里留下了足迹。

首先到达那里的是个叫做穆罕默德 · 哈米德（Mohammad Hamid）的印度人，他皈依了伊斯兰教，是印度考古研究所的工作人员。研究所坐落在加尔各答，在筹备 1863 年的这次任务时，有意避免选派真正的大英帝国臣民。哈米德经克什米尔首府斯里那加来到拉达克首府列城，这是进入西藏和新疆之前英国人控制的最后一道哨岗。随后，在没有通知中国政府的情况下，他越过最高峰超过八千米的喀喇昆仑山脉，进入新疆莎车绿洲。他在莎车非法逗留了六个月，用藏在手杖头里的微型六分仪进行观测，还记录下全部所见所闻。莎车所谓的“埃米尔”[1] 阿古柏与清廷关系紧张，但其所推行的政策尤使哈米德感兴趣。哈米德是个不折不扣的特务，但工作并不专业。六个月后，他行踪败露，被中国人驱逐出境。

七年后，一个地道的英国人道格拉斯 · 福赛斯（Douglas Forsyth）爵士率官方代表团敲开了进入莎车的大门。表面上看，代表团的任务是进行文化活动，但实际上福赛斯和之

1 用于中东地区和北非阿拉伯国家的贵族头衔，突厥在历史上亦曾使用此封号。

后的荣赫鹏爵士[1]都与马继业[2]一样，是英国传统政治代理人(political agent)。福赛斯还在19世纪末期担任过英国驻喀什领事。

福赛斯抵达莎车时，阿古柏恰巧不在。他利用等待阿古柏的这段时间走遍了莎车。他在莎车周边的塔克拉玛干沙漠中发现了“几个世纪前掩埋于沙下的城市。现在，它们又重见天日”[1]。经过挖掘，他发现一些小型佛像、神猴哈奴曼像和其他印度神像。亚历山大大帝经过中亚地区后，当地在4世纪建立起一些希腊化国家。当地人还给他带来这些国家铸造的钱币。另外还有东罗马帝国1453年灭亡前各个时期的钱币。可见，莎车在1世纪确实是连接地中海、印度和中国的丝绸之路上重要一站。这段历史引人入胜，但福赛斯并不是来考察历史的。他真正感兴趣的是阿古柏，因为英国女王希望与其建立友好关系，帮助他削弱中国宗主控制。可惜阿古柏心存疑虑，始终没有露面，福赛斯没能见到他。

1877年至1878年，其他特务接踵而至。他们像入侵者一样，疯狂地进行社会考察和考古发掘。这次来挖掘陈土旧石的不是英国人，而是俄国人，其中包括普尔热瓦尔斯基

1 荣赫鹏(Francis Younghusband，1863—1942)，英国殖民者，英属印度政府官员，作家、探险家和外交家，历任英国驻中国新疆、西藏特派专员，皇家地理学会主席。

2 马继业(George Macartney，1867—1945)，曾任英国驻喀什噶尔总领事。中英混血儿，父亲为英国驻华使节马格里（Halliday Macartney）。与出使中国的乔治·马戛尔尼伯爵来自同一家族。

（Prejevalsky）上校。他在哥萨克精锐骑兵护送下，从西伯利亚出发，沿途经过新疆东部的罗布泊沙漠，一直向西藏挺进。他在沿途不断收集动植物标本，越过昆仑山脉后，于1878年抵达青藏高原。但是他无法进入拉萨，因为那里禁止外国人进入。次年，另一支由俄国人艾伯特·雷格（Albert Regel）率领的队伍开始对新疆西部的塔克拉玛干沙漠进行考察。雷格和福赛斯一样，也在沙漠中发现了被遗忘的城池废墟。

西方国家开始感觉到，新疆的沙漠和绿洲不仅在政治和外交上具有价值，也许还有其他吸引人的地方。探险者的时代到来了。他们的研究重点不是当地政局和背后的来龙去脉，而是地文学和人文学。这些人在西藏和新疆更多是在寻找道路和通道。1889年，加布里埃·邦瓦洛（Gabriel Bonvalot）和奥尔良亲王亨利（prince Henri d'Orléans）先从巴黎到河内，然后又前往新疆和西藏。他们也尝试进入拉萨，但同样没成功。这趟行程更像是斐利亚·福克[1]式的旅行，而不是非洲探险者的探险活动。尽管如此，此行却标志着刚刚占领安南和东京的法国也开始参与角逐。此后不久，法国还将派出一支“高地亚洲科学考察团”。该考察团由法国地理学会资助，其目的是：

> 从西到东，从黑海到北直隶海湾，横穿亚洲。通过科学考察，发现一条经过于阗、拉萨、亚洲中部和法国领

1 斐利亚·福克（Philéas Fogg），儒勒·凡尔纳小说《八十天环游地球》中的主人公。

> 地，连接突厥斯坦和印度支那的道路，使商队和未来或将修建起来的铁路把俄国南部与云南北部以及东京连接起来。[2]

1891 年 2 月 19 日，在探险家吕推（Jules-Léon Dutreuil de Rhins）的带领下，考察团从巴黎出发。吕推时年四十五岁，是地理学家，熟悉印度支那和西非地区。他绘制了印度支那地图，在萨沃尼昂 · 德 · 布拉柴[1]的陪同下测量过西非。二十五岁的年轻东方学学者李默德（Fernand Grenard）为吕推担任助手。他们从君士坦丁堡乘船到格鲁吉亚，越过高加索后抵达盛产石油的巴库。他们渡过里海，然后乘坐俄国政府派出的专列直抵塔什干火车站。6 月 6 日，吕推和李默德抵达喀什，那时俄国已在当地派驻了一名领事。7 月 7 日，考察团来到于阗绿洲，与其紧邻的就是塔克拉玛干沙漠和昆仑山脉，再往前走便到青藏高原了。

在于阗绿洲生活着约二十万人，大部分是穆斯林，包括说突厥语的人、塔吉克人，还有一部分柯尔克孜人和藏人。吕推一行把这里作为起点，穿过西藏，途经禁城拉萨，抵达位于长江流域北部的西宁。这是一次世界屋脊之旅，全程数千公里，沿途经过无人区，仅有的几个当地居民也并非都热情好客。这

1　布拉柴（Pierre Savorgnan de Brazza，1852—1905），法国籍意大利探险家，刚果共和国首都布拉柴维尔的创建者。

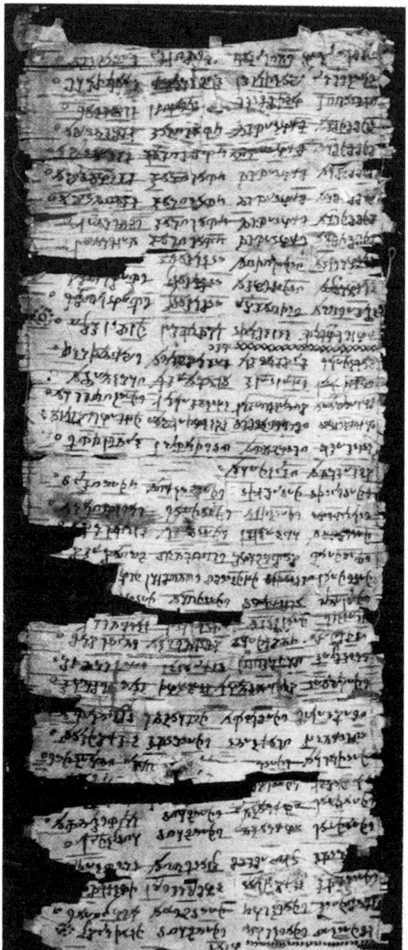

吕推考察团发现的贝叶《法句经》（2 世纪）。于阗，1892 年。

样一次行动需要做精心准备。1891 年秋，吕推和李默德开始着手测位定向。9 月 18 日，他们从于阗出发，沿着从昆仑山脉流出的玉龙喀什河而上。探险队越过海拔五千米的“低山”阿尔金山脉后，来到古古尔鲁克高地，他们和西藏只剩下“高山”阿尔金山东段之隔了。吕推寻找着 1 世纪时连接于阗和拉萨的古路，这条路“在中国古籍中提到过”，但他未能找到，于是经过两个月探寻之后又回到于阗。

于阗是古丝绸之路南道上的重要一站，法国探险者们在那里度过了 1891 年到 1892 年的冬春季节。大约两千年以来，来自中国、印度和中亚的商队都在于阗停歇。当地集市中的商店和探险队住宿的客栈都是砖土结构的雄伟建筑，年代相对较新。由于玉龙喀什河变化无常，数次更改河道，城市也随之数次重建。李默德在如今的城市西边、靠近约特干镇的地方发现了一座城市遗迹，并正确地将其判定为最初的于阗城。

他在遗迹中发现了生砖和土坯建筑废墟，还有木质房梁。另外，他还发现了佛教古寺遗迹，墙上有用灰墁雕刻的浮雕，以及壁画和佛龛。李默德和吕推都不是考古学家，所以没有进行挖掘，而是更热衷于和于阗当地众多的寻宝人做交易。只要在于阗地区发现藏有钱币和金银财宝的废墟，寻宝者们就会自发采取一定形式的集体行动。吕推和李默德与中国商人不同，他们对财宝不太感兴趣，但搞到了一些灰墁和陶土造像，似乎年代很久远。1892 年 4 月 13 日，他们在参观于阗以南二十多公里的和卓穆依甫麻扎[1]时，购得一卷用三块桦树皮制成的写本，大概成书于2世纪，上面写有墨迹，所用文字是从阿刺美文演变而来的佉卢文。佉卢文是大流士一世在公元前6世纪占领印度河流域后带来的文字。位于当今印度西北部的犍陀罗国所使用的语言即犍陀罗语，这是一项重要发现。经过研究，这卷《法句经》写本被认为是古印度最早的佛教典籍。

> 放逸中无逸，睡众中独醒。
> 智人如骏马，驽騂所不及。[3]
>
> ——《南传法句经》

"智人"指的是谁？当然是佛，但我们也可以将其视为在2世纪来到于阗绿洲普度众生的一位菩萨。虽然于阗历史悠久，但历史并不是吕推关心的核心问题，他更关心探险队应该做哪些准备。他计划越过昆仑山脉，穿过广无人烟的青藏高原，然后到达纳木错[2]，之后进入梦想中的拉萨。这是最直接的路线，但也是最艰难的，因为沿途既没有城市，也没有村庄，无法提供补给。这样一次旅行需要准备大量生活物资，也就是说需要预备很多驴、马和骆驼。然而法国地理学会认为在资金上有必要严格把关，因此吕推并没有足够的钱来购买这一切。

---

1 麻扎在阿拉伯语中意为"参拜之处"，指圣徒的墓地。

2 中国第三大咸水湖，位于西藏中部，"纳木错"为藏语，下文提到的蒙古语名称"腾格里海"亦指该湖。两种名称都是"天湖"之意。

于是他决定绕行西藏西部，翻过喀喇昆仑山脉和昆仑山脉。完成补给后，他可以转而向东，以期找到连接拉萨和于阗的古路。

1892 年 8 月 22 日，探险队返回阿尔金山东段，随后向西南方向前进。几天之后，吕推和李默德成为有史以来首批进入蒙格孜镇（Mongrtzé）的西方人，他们打算从那里走到腾格里海。

> 只是途中困难很多。整个地区海拔很高，植被贫乏，牲畜在寒冷中耗尽体力，大部分都死了。物资所剩无几，我们也不敢再有过多想法。吕推身染重病，丧失了昔日的果敢，不得不转向离我们最近的拉达克，希望在那里找到一些补给。[4]

这些法国人躲进拉达克首府，即一个名叫列城的小地方，他们受到当地英国驻扎官欢迎。他们在那里休整之后，带着失败的情绪于 11 月 21 日来到于阗。吕推并未就此放弃，甚至还打算实施最初的计划，即前往腾格里海。一年后，探险队重新上路。这一次，吕推打算从东边越过昆仑山脉。他们沿着塔克拉玛干沙漠边缘前进，经过昆仑山脚下，抵达距离于阗五百公里的且末绿洲。1893 年 9 月 3 日，他们再次上路，翻过阿尔金山脉，因为那里的山谷较易通过，山口没有西边那么陡峭。

> 9 月 26 日，我们来到阿尔金山东段。27 日，我们开

> 始翻山。从那一刻起，我们进入一片亚洲人和欧洲人都绝对不了解的地区。山脉宽四十英里，我们花了四天时间才走出去。这是最艰难的旅程之一，不仅因为当地土壤极其干燥，呈片状，还因为两个山口的海拔分别达到五千六百五十米和五千七百五十米。10月10日，我们首次发现藏人营寨的痕迹，应该是多年前猎人住过的地方。猎人们来这里捕杀野生动物，如牦牛、马、羚羊等，这些动物在当地并不少见。我们刚刚越过三十五度纬线，因此可以推断，突厥猎人和藏族猎人最远达到的地点相距一百三十至一百四十英里。[5]

11月7日，吕推和李默德进入西藏。尽管纳克宗（Nakdzong）县长企图加以阻止，但他们还是于12月1日到达腾格里海北岸。自从1862年传教士罗勒拿（Renou）和德格丹（Desgodins）被驱逐出西藏后，还没有任何欧洲人能够进入西藏，而现在拉萨已近在咫尺。如果探险队进入西藏，必将引起巨大轰动。只是探险队物资和牲畜消耗殆尽，无法悄无声息地实现这一目标。还有谁比印度支那地图的绘制者[1]更适合向拉萨当地政府解释，法国凭借在东京的统治和在云南的势力，已经成为“与中国毗邻”的强国呢？在会见清朝驻藏帮办大臣一行时，吕推要求对方允许他们在拉萨休整队伍，但遭到

1 指吕推。

礼貌而坚定的拒绝。如果允许法国探险队进入拉萨，将为英国人提供先例，后者一定会以此为由也要求进入拉萨。尽管遭到拒绝，吕推还是获准借道前往中国内地。1894 年 1 月 27 日，他们经许可进入小城纳克舒（Naktchou），在那里得以休整，一直停留到 3 月 7 日才前往中国西部的青海西宁，目的是考察湄公河源头。吕推一行从湄公河流域最西边的支流之一扎那曲（Dzanak-tchou）着手，逐渐向西宁推进。由于物资缺乏，探险队被迫绕道塔池寺（Tachi-gompa）方向，并于 4 月 15 日抵达那里。

> 当地人对吕推一行很不友好。喇嘛们不仅不愿与他们接触，还严禁当地民众向他们出售任何东西。当地仅有的几个中国商人也不敢违背命令。[6]

吕推探险队只好前往湄公河流域最北端的松多州（Sourdong-tchou）。5 月 22 日，他们来到长江流域内的结古镇寺（Kierkoudo），那里的喇嘛并不比塔池寺的热情，但探险队还是在当地汉官的帮助下获得了补给。6 月 1 日，探险队再次出发，次日到达托木布多（Tom-Boumdo），一个由七个村落和一座位于长江南岸的寺庙组成的县城。悲剧就是在那里发生的。当地村民全副武装，在托木布多寺大喇嘛的命令下，趁着夜色偷走了探险队的两匹马。6 月 5 日早晨，吕推试图进行交涉未果，于是牵走当地村民两匹马，并扬言要以马换马。这个决定可要了命了。

> 藏人没有其他解释，随即发出战争的呼喊，招呼左邻右舍前来帮忙。当地房屋坚如城堡，在大喇嘛的命令下，他们开始从自家墙洞后面向我们射击……我走在队伍最前面，一边努力维持秩序，一边向藏人回击。我骑的马刚被打死，就听见后面不远处的吕推也被击中……他小腹受伤，疼痛难忍，吐血之后陷入昏迷。

之后藏族人又发动了攻击，李默德被俘。

> 我的人乱作一团，四处逃窜。我估计自己会被杀死，但我错了。对方只是缴了我的枪……把我押到县城边上。妇女和儿童从房子高处朝我扔石子。[7]

第二天，李默德得知吕推的死讯，尸体已被扔进河里。后来李默德返回北京，当时中日交战正酣。他于1895年2月21日返回巴黎，带走了托木布多当地人归还探险队的科学标本和资料。他还带走将近一千张照片、一张沿途绘制的地形图和大批天文数据，以及人种、植物、矿物标本，还有一些历史、语言资料，其中包括在于阗购得的《法句经》。

如果说法国探险队高地亚洲之行是一次失败的话，却也给伯希和提供了很多值得研究的宝贵信息。资金欠缺、在托木布多犯的错误、缺少真正的科学指导等都是需要避免的不足之处。另一方面，《法句经》写本的发现表明，如果深入挖掘，新疆可能带来极具科学价值的考古发现。此外，托木布多惨案不仅没有挫伤其他探险者的积极性，反而增添了他们的使命感。

1890 年，年轻的瑞典人斯文 · 赫定（Sven Hedin）已经到达喀什，但外界对他的行动并不太了解。二十五岁的赫定矮小瘦弱，但决心当一名探险者。他同样也希望成为第一个进入拉萨的西方人。瑞典政府不支持他，他只得自掏腰包。印度政治部官员荣赫鹏和俄国驻喀什领事尼古拉 · 彼得罗夫斯基（Nicolaï Petrovsky）向他提到刚刚来过的吕推探险队，赫定这才意识到自己计划的艰巨性。回到斯德哥尔摩后，他进入大学学习，后又到柏林学习科学、东方语言和地理。1895 年 2 月，当李默德回到巴黎的时候，赫定重返喀什，并计划穿越塔克拉玛干沙漠。两年前，吕推和李默德只敢沿着沙漠南边前进。赫定进入沙漠后不久就迷了路，探险队员也走散了。他差点渴死，最后能走出沙漠简直堪称奇迹。后来，赫定的随行人员之一易卜拉欣 · 阿洪（Ibrahim Akhoun）向伯希和讲述了这段探险经历，后者将它完整地记录了下来：

> 包括斯文 · 赫定在内，探险队一共十一人、八头骆驼。队伍从莎车出发，经过麦盖提（Merket）和乌噶齐克（Qourghatchyq），然后向东到达位于于阗和阿克苏之间的

麻扎塔格。三头骆驼在乌噶齐克驮满听装水，一头骆驼在麦盖提驮满听装奶。路程虽然只有几天，但探险队还是迷路了。死了七头骆驼，剩下的一头坚持了很长时间。一个人走散迷路后获救，一个在第九天死去，一个在第十二天倒下，一个逃走了，下落不明，还有四个身体逐渐难以支撑。上路后第十四天，只剩下斯文·赫定、伊斯拉姆·巴依（Islam Baï）和易卜拉欣·阿洪。他们一起走了五天，三个人只有一瓶水。第十九天，他们开始分头行动，因为他们认为已经离水源不远，发现水的人可以鸣枪通知另外两个人。巴依到达通往于阗的路上，但筋疲力尽，昏厥过去。阿洪发现了水源并鸣枪示意，赫定与其会合。所幸有几个商人在路过时发现晕倒的巴依，巴依喝了几口水之后醒了过来。赫定和阿洪遇到四个猎人：艾买提（Ahmet）、亚库普沙（Yagoub Châh）、帕兹拉·噶丹（Paz'llah Gadan）和库尔班别克（Gourban Bheikh），请求他们帮忙寻找巴依。在猎人的帮助下，三名幸存者才得以团聚。阿洪被派往于阗，赫定和巴依借机在牧民家里稍事休息。后来于阗阿克撒卡尔[1]亲自来拜会赫定等人。[8]

1 突厥语“白胡子”，指男性长辈、社群贤明老人，在中亚和高加索地区部落内起政治和司法作用，在定居与游牧的突厥社会有同样权威。

12 月底，赫定经喀什回到于阗，也通过那里的寻宝人购得一些古币和写本。他继续追随吕推的脚步，探索克里雅河，但向下游前进得更远，一直到达塔克拉玛干沙漠腹地，并在那里发现一座埋入沙土的古代佛教城市。他把这座城市称为“所多玛[1]第二”。随后，他继续向心中一直向往的西藏前进。1899 年，赫定返回欧洲，获得瑞典国王和大富豪埃马纽埃·诺贝尔（Emmanuel Nobel）支持后再次上路。他从喀什出发，乘船沿叶尔羌河穿过塔克拉玛干。由于沿途气候冰冷难耐，他被迫改走陆路，到达且末绿洲后无法径直向南方的西藏前进，只得先前往塔克拉玛干东部的罗布泊沙漠，然后再前往西藏。他在那里发现了楼兰。楼兰古城曾是中国驻军之地，已废弃长达十六个世纪之久。赫定虽然学识渊博，是地理学家，又是大旅行家，但他既不是考古学家，也不是艺术史学家，无法对发现的古迹展开真正研究。赫定也许是达到那里的最后一位探险家，在他之后，新疆不仅充斥着特务和投机分子，更有像伯希和一样的科学家。与赫定相比，这些人的出发点显然很不相同。

伯希和等人的目标既非探索发现，也非获取情报，而是对丝绸之路进行考古和历史研究。这条古路曾连接两个大陆，从希腊化古国犍陀罗和大夏（Bactria）时期一直持续到 15、16 世纪大规模海路开辟之后。这片连接着安塔基亚[2]和北京的交

1　据《旧约圣经》记载，所多玛城位于死海东南方，如今已沉入水底。

2　土耳其南部城市。

通网络纵横曲折，在新疆有南北两条线路，北道与天山山麓平行，南道沿昆仑山脉延伸。两条线路在中国门户之地敦煌分开，又在中亚腹地喀什会合。中国高僧玄奘曾在12个世纪之前走过这条路。他撰写的《大唐西域记》和关于他的《大慈恩寺三藏法师传》在1853—1858年间被法国东方学家儒莲翻译成法语，让对西域感兴趣的人如痴如醉。

考察队做准备工作期间，伯希和仔仔细细地阅读了这位中国旅行家的著作。

玄奘出身书香门第，十三岁出家，二十岁受具足戒。那时他就发现，中国的佛教教义正陷入混乱，佛教大师们的争论经常矛盾百出，毫无实效。

> 或恐传译踳驳，未能筌究，欲穷香象之文，将罄龙宫之目。[9]

629年，刚满二十六岁的玄奘出发前往印度拜佛求经。十七年后，他返回故乡，带回大量典籍，其中大部分是关于经律和历史的，可惜当时在印度所得，如今已不复存在。[10] 玄奘翻译完带回的著作后，向弟子辩机讲述了他的西行经历，辩机根据讲述写成《大唐西域记》。后来，玄奘另两个弟子慧立和彦悰记述了他的一生，写成的著作被当代语言学家、考古学家、历史学家，甚至更广泛而言，所有对印度、中国及周边国家感兴趣的人奉为经典之作。

英国考古学家约翰·马歇尔（John Marshall）正是手拿《大唐西域记》走遍了旁遮普的塔克西拉遗址。法国远东学院的阿尔弗雷德·福歇在印度河流域北部考察时的依据，也正是这部《大唐西域记》。书中记载十分详尽，根据指示找到古建筑和遗迹非常容易。

久负盛名的印度考古研究所成员奥雷尔·斯坦因（Aurel Stein）同样追随着玄奘的脚步。他是伯希和发誓要超越的强大对手。伯希和在巴黎对他的考察发现进行过仔细研究。斯坦因是知识渊博的学者，也是出类拔萃的探险者。1862 年 11 月 26 日，斯坦因出生于布达佩斯一个犹太家庭。为避免因加入犹太教而受到迫害，他在路德派教堂中接受了洗礼。1884 年，斯坦因移居英国。他在德国蒂宾根大学获得博士学位后，又在英国牛津大学和大英博物馆学习考古学和东方语言。他在奥匈帝国服兵役，在军队中是地形学技术兵。1887 年，他被任命为拉合尔东方学校校长，与考古博物馆馆长、鲁德亚德·吉卜林[1]的父亲结下了友谊。后者将他带入历史和犍陀罗国艺术的天地，而犍陀罗国和大夏国是希腊式佛教的摇篮。在公元后的一千年里，希腊式佛教盛行于印度北部和阿富汗。斯坦因也密切关注约翰·马歇尔在旁遮普塔克西拉进行的考古发掘活动。1897 年，斯坦因决定在居住地克什米尔组建一个考察队，沿着

1　吉卜林（Joseph Rudyard Kipling，1865—1936），英国小说家、诗人，作品《吉姆爷》（*Lord Jim*）获 1907 年诺贝尔文学奖。

丝绸之路探寻玄奘曾经走过的道路。

玄奘根据发音将克什米尔叫做迦湿弥罗。他在那里看到“伽蓝百余所，僧徒五千余人”。玄奘记述道：“国地本龙池也。昔佛世尊自乌仗那国降恶神已，欲还中国。”[11] 玄奘的描述一贯具有史料价值，他所提到的“龙池”确实存在过，只是后人为调节印度河支流杰赫勒姆河（Vitasta，今称为 Jelhum）水流，在河谷修建了大型灌溉工程。玄奘提到的龙，实际上是《吠陀经》中所说的半人半蛇神。斯坦因翻译了历史学家迦尔罕纳（Kalhana）于 12 世纪编写的克什米尔编年史《王河》（*Rajatarangini*），在当中也发现类似描述。通过研究《大唐西域记》[1]，并参考吕推在于阗发现《法句经》的经历，再加上阅读斯文 · 赫定 1898 年出版的游记《穿越亚洲》，斯坦因坚信新疆丝绸之路上埋藏着重要的佛教遗址。

斯坦因获得了印度政府支持，并从印度事务次官寇松爵士（lord Curzon）那里得到一万一千卢比经费，支持他从事一年考古活动。1900 年 5 月 31 日，他从斯利那加（Srinagar）出发，经过位于崇山峻岭之间、刚被英国工兵部队修缮过的吉尔吉特运输线（Gilgit Transport Road），来到喀喇昆仑山脉脚下，在瑙普尔村附近开始着手进行第一次考古发掘。他在山崖上发现一座大型站立佛像浮雕，佛像右手和禅，朝向

1 斯坦因不懂中文，所读《大唐西域记》为儒莲翻译的法文版本。戴维斯（Rhys Davids）、布歇尔（S. W. Bushell）和比尔（Samuel Beal）等人的英译本到 1904—1906 年间才问世。（原注）

东北。这座雕像与犍陀罗国巴米扬大佛[1]、乌仗那国吉哈纳巴德（Jehanabad）大佛[2]以及甘肃敦煌大佛类似，都属于典型的丝绸之路东段佛像风格。

丝绸之路在几个世纪期间形成了古道路和建筑网，而斯坦因的触角一下子就触及它的地理、历史和考古范畴。包括古迹、自然景观和当地居民在内的任何对象都不会被斯坦因忽略，都被他拍摄成高质量的照片，并用详细而全面的描述记录下来。斯坦因考察队是理性的科学团队，也是有史以来首次在该地区系统收集古物的考察队。斯坦因越过帕米尔高原，抵达喀什，在英国驻喀什总领事马继业家中等待秋天到来。新疆夏季酷热难耐，秋季适合做长途旅行。期间，两人也结为朋友。9 月 11 日，斯坦因沿着先他一步的吕推和赫定的足迹出发，一直走到莎车，在那里稍事休整，于 10 月 12 日抵达于阗。斯坦因选择的丝绸之路南道正是玄奘返回中国时所走的路线。

在于阗，当时被称为法师[3]的玄奘看到上百所寺庙和五千名大乘佛教教徒。于阗王接见玄奘时号称毗沙门天神化身，自称于阗还荒无人烟时就已经生活在那里。根据神话传说，有一天，阿育王[4]的儿子被挖去双眼，阿育王将凶犯流放到雪山以北。就这样，这些被流放的凶犯来到于阗，并在于阗推举出

1　2001 年 3 月 3 日被塔利班炸毁。（原注）

2　2007 年 10 月 15 日被塔利班炸毁。（原注）

3　亦称为三藏法师，三藏包括经藏、论藏和律藏。（原注）

4　公元前 3 世纪印度北部统治者。（原注）

自己的国王。在紧邻于阗的地方，有一个被中国皇帝流放的皇子。他们和中国皇子之间爆发了冲突，最后中国人获得胜利。于阗在中国人的统治下繁荣起来。然而，在中国人统治末期却发生了这样的事：

> 其王……齿耋云暮，未有胤嗣，恐绝宗绪。乃往毗沙门天神所，祈祷请嗣。神像额上，剖出婴孩，捧以回驾，国人称庆。既不饮乳，恐其不寿，寻诣神祠，重请育养。神前之地忽然隆起，其状如乳，神童饮吮，遂至成立。智勇光前，风教遐被，遂营神祠，宗先祖也。自兹已降，奕世相承，传国君临，不失其绪。故今神庙多诸珍宝，拜祠享祭，无替于时。地乳所育，因为国号。[12]

于阗当地居民以前受过来自克什米尔传教士的宗教影响。玄奘在那里停留七天后取道回国。斯坦因到达于阗后，马上开始寻找古物，同时物色带自己探寻古迹的向导，也向李默德和赫定提到过的寻宝人寻求帮助。紧接着，斯坦因前往玄奘提到过的约特干，李默德曾在那里发现于阗最早的遗迹。寻宝人向斯坦因展示了他们的战利品，除一尊小金猴外，斯坦因还得到不少钱币，有中国的、印度—斯基泰的和穆斯林的，还有一套3世纪前后在于阗铸造的中印双语钱币。这些钱币正面有中国文字，反面的神话故事却用印度文、婆罗米文和佉卢文书写。这证明当时于阗已成为丝绸之路上不同文明汇聚和交流之地。

另外，他还发现了用陶土制成的面具和塑像，以及一些雕塑。它们可能都来自犍陀罗国，因为于阗距离犍陀罗国直线距离只有四百公里。11 月中旬，老寻宝人图尔迪（Turdi）从遥远的丹丹乌里克（象牙之所）遗迹回来，带回一些灰墁浮雕、希腊式佛教浮雕和一部婆罗米文写本残卷。

根据图尔迪的描述，那个遗迹位于于阗东北、玉龙喀什河和克里雅河之间。斯坦因觉得丹丹乌里克和斯文·赫定所说的“所多玛第二”也许是一个地方。12 月 7 日，斯坦因在图尔迪的陪伴下出发，顶着刺骨寒风一路前行，十天后到达世界上环境最恶劣的地方之一。那里只有沙丘在风的推动下像波浪一样起伏着，气候如极地般寒冷，那里就是可怕的塔克拉玛干沙漠腹地。斯坦因寻找的遗迹几乎都被沙漠掩盖着。他在寻宝人的协助下开始挖掘，一共挖出十四处遗迹。遗迹的墙体上有佛教壁画和灰墁浮雕。此外，斯坦因还发现一处藏书馆遗迹，里面有 10—11 世纪用梵文和汉文写成的佛教经典。斯坦因虽能读懂梵文，却不认识汉文。待他返回欧洲，在沙畹和伯希和的译文帮助下才了解到一部分汉文书卷是 8 世纪末唐朝的官方文书。于阗位于丝绸之路南道，中国和印度文化通过商业和佛教的传播在此交汇。斯坦因在丹丹乌里克再次发现玄奘留下的印迹。图尔迪在一座小寺庙里发现一块画板，上面绘着一个带冠的老鼠头像，这就是老鼠“酋长”。朝圣途中的玄奘对此有所记载。那些鼠：

> 大如猬，其毛则金银异色，为其群之酋长，每出穴游止，则群鼠为从。昔者匈奴率数十万众，寇略边城，至鼠坟侧屯军，时瞿萨旦那王率数万兵，恐力不敌，素知碛中鼠奇，而未神也。洎乎寇至，无所求救，君臣震恐，莫知图计，苟复设祭，焚香请鼠，冀其有灵，少加军力。其夜瞿萨旦那王梦见大鼠曰："敬欲相助，愿早治兵。旦日合战，必当克胜。"瞿萨旦那王知有灵祐，遂整戎马，申令将士，未明而行，长驱掩袭。匈奴之闻也，莫不惧焉，方欲驾乘被铠，而诸马鞍、人服、弓弦、甲縺，凡厥带系，鼠皆啮断。……于是杀其将，虏其兵……瞿萨旦那王感鼠厚恩，建祠设祭……故上自君王，下至黎庶，咸修祀祭，以求福祐。[13]

斯坦因收获颇丰。1901 年 1 月 6 日，他用驴和骆驼满载着箱子开始向东行进。到达克里雅和尼雅绿洲后，一块带有佉卢文字母的雕板为他提供了一处比丹丹乌里克更古老的遗迹线索。这处遗迹可能在 269 年晋武帝时期以后遭废弃。2 月 13 日，斯坦因带着一批与帕拉斯 · 雅典娜和厄洛斯相像的塑像离开尼雅继续向东，在安得悦（Endere）发现一处古寺遗迹。随后他又调转方向，回到喀拉墩（Karadong），并在热瓦克（Rawak）发现一座大舍利塔、九十一座佛像和菩萨像，艺术风格与犍陀罗国相近。让斯坦因感到非常遗憾的是，这些塑像太重，无法运走。他只好拍下照片，用沙土把它们重新埋起来。

1901 年 4 月底，斯坦因回到于阗，5 月 29 日离开喀什，带着自己发现的宝贝经俄罗斯回到英国。英国科学界为他的凯旋举行了盛大仪式。自此，新疆俨然已成为吸引东方学学者的“新大陆”。

1902 年初，一支由柏林民族人种学博物馆组织的考察队从德意志帝国首都出发了。他们和斯坦因探险队一样，迫不及待地要去发掘珍宝。这支队伍由印度学家、古佛教专家格伦威德尔（Albert Grünwedel）教授率领，副手是历史学家格奥尔格 · 胡特（Georg Huth），领队是西奥多 · 巴尔图斯（Theodor Bartus）。巴尔图斯像草原上的蜥蜴一样，负责考察队的补给。格伦威德尔一行已经得知在他们之前到达于阗和丝绸之路南道的探险队的收获情况，于是决定从丝绸之路北道以东的吐鲁番入手。他们于当年年底返回德国，带回满满二十六箱壁画、写本和雕塑。他们在柏林受到高规格欢迎。德皇威廉二世亲自接见格伦威德尔并为他授勋，同时表示将给予他大力支持。军火巨头克虏伯男爵也为他们提供帮助，还鼓励他们再次前去探险。

然而，在吐鲁番的日子异常艰苦。严寒和恶劣的条件耗尽了格伦威德尔的体能，也严重损害了胡特的健康。回到德国不久，胡特便与世长辞。只有巴尔图斯态度积极，愿意再次出征。1904 年，巴尔图斯跟随第二支德国考察队从柏林出发。这次的领队是见多识广的阿尔伯特 · 冯 · 勒柯克（Albert von Lecoq），四十二岁，近两年来一直在柏林民族人种学博物馆印度部做义工。勒柯克家境殷实，其祖父靠葡萄酒生意发家。他先后在英国、美国求学，后回到德国，卖掉家族企业，因为他对葡萄酒生意不感兴趣。他成为食利者后，开始在柏林东方语言学院学习阿拉伯语、波斯语、突厥语和梵语，之后开始跟随格伦威德尔学习。勒柯克的姓在德国显得有点怪异，原因在于他的祖先是从法国逃亡而来的胡格诺派教徒。勒柯克身边只有巴尔图斯一个追随者。他们带着一万两千金卢布的战争横财穿越俄国，来到新疆首府乌鲁木齐，受到当地总督、威武的杨增新将军接见。义和团运动失败四年后，乌鲁木齐充斥着当年与列强作对而遭流放的人员。大刀会、白莲宗和白莲教杀手、皇室成员、失宠的达官显贵等各色人等挤在这座飞尘漫天、形容凋敝的城市里，受到当地总督和军吏监视。勒柯克和巴尔图斯没有在此地久留。11 月 18 日，他们来到吐鲁番以南的哈喇和卓绿洲。

当地有一座大型古墓，勒柯克在里面发现了 9 世纪末的摩尼教壁画和大批同时期的波斯语写本。另外还有一些遗迹，如上百具一千年前被汉族统治者杀死后扔在坟坑里的佛教僧侣尸体，显示着该地区自古就存在残酷的政治和民族斗争。这片广袤地区是反叛者的大本营。长期以来，印度人、突厥人、波斯人和汉族人在此地冲突不断，后来“洋鬼子”也将触角伸到这里。多个民族、多种语言，以及多种宗教在此汇集。勒柯克在吐鲁番以南的焉耆发掘出一座教堂和两座景教藏经阁，从里面挖出的写本塞满了他的箱子。随后，他前往北边的柏孜克里克，那里有一座明屋（千佛洞）——一组雕凿在岩石上的寺院建筑。1905 年 2 月，他派人割下印度和波斯王室贵族并肩而坐的壁画，这样的场景是丝绸之路庙宇绘画里的典型内容，因为丝绸之路是交汇和交融之路。这幅壁画后来成为柏林民族人种学博物馆的重要参观内容之一。阿富汗巴米扬是丝绸之路上的另一个交汇点。二十五年后，约瑟夫 · 哈金（Joseph Hackin）和建筑学家安德烈 · 高达（André Godard）在高五十五米的巴米扬大佛壁龛顶部发现印度王子、公主和波斯王子、公主同时出现在一幅壁画里。他们也带走了一些壁画，这些壁画如今收藏在喀布尔博物馆。[1]

随着在吐鲁番考察工作的不断深入，勒柯克和巴尔图斯还在水盘绿洲（Shui-pang）发现了反映文化多样性的遗迹。他们发掘出古代基督教写本、一本 5 世纪的圣诗集、一些《马太福音》残片和一篇希腊文《尼西亚信经》。

吐鲁番的气温不断上升。为躲避酷暑，他们前往哈密过夏。哈密是戈壁沙漠里的一片绿洲，气温相对温和。一个土库曼商人在哈密的一间茶社里向勒柯克讲述了一段不寻常的故事。在距离哈密以南约三百公里的地方，有一片叫做敦煌的绿洲。那里有一座开凿在悬崖上的寺院，比柏孜克里克的岩壁寺院规模更大，墙上的壁画更加琳琅满目，浮雕和佛像数量也更

1　这些壁画在 1993 年喀布尔博物馆遭劫掠时幸免于难，也躲过了 2001 年塔利班摧毁巴米扬大佛的灾难。

多。除此之外，寺院里还有一间藏经洞，不久前刚被寺里的僧侣发现，里面藏着极其珍贵的写本和绘画。

这个小道消息让勒柯克和巴尔图斯兴奋不已，他们决定前往敦煌。但就在他们即将出发时，获悉了格伦威德尔的行程——他已经病愈，决定来与他们会合。现在他已经在路上，不日即将到达喀什，要求他们前往迎接。尽管他们万分遗憾，但毕竟“老板”要来了，他们也只能放弃前往敦煌的计划，前去迎接格伦威德尔。他们骑马穿过新疆后抵达喀什，但一直到 1905 年 12 月 6 日，才等到格伦威德尔的到来。这时，他们得知斯坦因又在筹备一支探险队，法国人也有同样的计划，队长将由伯希和担任。随后勒柯克一行去了克孜尔和库车，发现了一些美妙绝伦的壁画（他们把其中描写佛本生的部分带回德国）。这时再前往敦煌藏经洞为时已晚。后来，他们又听说了第一批到达敦煌的探险队的消息。他们于 1907 年 1 月返回德国，这时斯坦因早已第二次抵达中国新疆地区并在那里停留了六个月。

斯坦因经过帕米尔高原，在喀什与友人马继业达成默契，后者负责将竞争对手的消息及时通知他。斯坦因取道丝绸之路南道，按照斯文 · 赫定绘制的地图，经于阗、莎车、安得悦，到达罗布泊沙漠和古代中国军队驻扎地楼兰。1907 年 1 月 21 日，斯坦因对古迹进行了挖掘，在一堆垃圾里发现驻军时期的一些军事文书。此后，他穿越罗布泊沙漠，前往“明亮的灯塔”敦煌——丝绸之路上汉族商队最后一个驿站。他在途中发现了高大的塔楼，这让他想到汉族人修建的长城。他没有久留，于 1907 年 3 月 12 日抵达敦煌。

斯坦因虽是第一次来到敦煌，但这里对他而言并不陌生。1879 年，匈牙利地理学会主席洛采（Loczy）教授在贝拉 · 塞切尼（Béla Széchenyi）伯爵陪同下参观了敦煌，他向斯坦因详细描述过敦煌的壁画和佛寺。斯坦因冒着仿佛能穿墙而过的凛冽寒风，在敦煌衙门里受到当地官员王大老爷[1]召见。忠心耿耿的蒋师爷[2]帮着翻译，斯坦因才得以“用蹩脚的汉语”[14]与王大老爷交流。没谈多久，两人便发现彼此都喜欢研究玄奘，这为两人的关系奠定了基础，斯坦因和探险队也因此变成当地贵客。他原本对敦煌没有太多期待，也不打算在此久留，而一心想着返回罗布泊沙漠的塔楼。尽管敦煌石窟十分有名，但斯坦因的匈牙利同事已经造访过那里。此外，就在不久前的 1899 年，法国驻华使馆的邦宁（Bonin）对石窟进行过拓印，沙畹已经翻译了相关拓片。

然而，有一件事让斯坦因十分好奇。到达敦煌前夕，他从乌鲁木齐商人扎伊德 · 贝格（Zahid Beg）那里听说，有谣言称几年前在距敦煌十几公里的千佛洞里偶然发现了一个藏经洞。3 月 16 日，他在蒋师爷的陪同下来到千佛洞，参观了众多雕凿在岩壁上的石窟，里面满是壁画和佛像，形式和克孜尔、

1　王大老爷，敦煌知县王家彦。

2　蒋师爷，蒋孝琬。

柏孜克里克以及阿富汗巴米扬类似。其中最好的作品都属于唐代（7—10 世纪）。这些雕刻的风格和犍陀罗希腊式佛教风格相近，而斯坦因正是这一领域的专家。他马上找到一位年轻僧人，后者答应为他做向导，并很快带他找到了藏有佛经的佛窟。藏经洞位于一个小佛窟内，洞口已被山上的落石堵住。当时，负责修缮佛窟的工人发现了藏经洞——工人进入佛窟后，发现洞窟内壁有一道奇怪的裂痕。他们把裂痕凿开，发现里面有一间密室，从地面到洞顶塞满了写本和绘画。甘肃副总督（敦煌县隶属于甘肃）得知消息后，下令将写本就地封存，禁止外人进入藏经洞。一个名叫王圆箓的道士负责看守藏经洞。斯坦因想见王道士，但此人正在外面云游，不知何时回来，斯坦因无法判断藏经洞到底有多重要。幸运的是，一个年轻僧人[1]的房间里有一册从王道士那里借来的写本。在斯坦因和蒋师爷的劝说下，僧人同意向他们展示写本。

> 卷子保存完好，宽三十厘米，长约九米。我在僧人住处前展开它，上面的文字当然是汉文，但那位博学的翻译却不得不老老实实地承认，他看不懂上面的文字，不知其所云。[15]

斯坦因不太会说汉语，蒋师爷也看不懂古文。这就是尚未

1 易昌恕，参见王冀青《国宝流散——藏经洞纪事》（甘肃教育出版社，2007 年）。

做好准备但已经敲开中国大门的探险队必须面临的尴尬境地。在当今时代，如果再有类似事情发生，显然只有像横行于中东和亚洲一些地区的劫匪才会产生继续冒险的念头，因为当地衙门张贴的封条足以让有良知的考古学家止步。但在 20 世纪初，当中国沦为西方列强的猎物时，当西方探险者毫不犹疑地将成箱古董运走时，当勒柯克和巴尔图斯之流在柏孜克里克肆无忌惮地把壁画割走时，实际情况显然并非如此。不巧的是，当时看门道士不在。出于谨慎考虑，斯坦因没有坚持，离开了千佛洞，同时还不忘对向他提供帮助的年轻僧人给予奖赏——一块相当于三印度卢比的银子。

第六章　图木舒克

“鬓发渐长，诸僧时往为剃。”

吕推探险队中途失败后，法国人退出了对中亚的争夺，暂时不再觊觎那里的珍宝，放弃了在当地建立统治、实现帝国荣誉并推动科学进步的计划。托木布多悲剧事件也证明，从法国建立一条经喜马拉雅山脉直达印度支那的陆路交通线不切合实际。从 1902 年起，法国开始寻找一种更加“科学”的方式。巴黎研究机构中的学者分成两大派，相互争斗不已。一派主张把目标锁定在贝加尔湖和喀喇昆仑山脉，但俄国和英国已经在这些地区建立起权威。另一派包括考狄和埃米尔·塞纳尔，认为从政治角度讲，广袤的新疆地区更适合勘探，因为清政府对该地区施行的统治并不十分有效。最终，考狄等人占据上风。

他们开始物色能够在那个不适合人类生存的偏远地区长期从事科考任务的人。

组建一支大型考察队的计划由此而生。伯希和有两年准备时间。他阅读了法国国家图书馆东方写本部的藏本，认真研究了前辈和竞争对手撰写的考察报告。

那年伯希和二十七岁，正年富力强。李默德在这个年纪时抵抗住了病魔的侵袭，但吕推的身体受到很大影响，最终一命呜呼。此外，伯希和身上有斗士般的勇气，这一点在法国驻华使馆被围困期间已经得到证明。伯希和与李默德及外交官邦宁（此人在1898年至1900年间走遍了新疆）的不同之处在于，他是考古学家；与斯坦因、格伦威德尔等人的不同之处在于，他还是汉学家。

丝绸之路上的明屋和石窟多如佛珠。伯希和有能力翻译这些地方墙壁上众多的铭文雕刻，能读懂寺庙藏经阁废墟中埋藏着的写卷，也知道哪些地方有挖掘价值。先于伯希和的探险队已经总结出不少经验教训。虽然法国人脚步慢了一拍，但他们的准备更加充分，装备更加精良。

在塞纳尔的倡议下，法兰西金石与美文学院、法兰西科学院、公共教育部和地理学会向为期一年的考察提供了大部分资金支持，伯希和的考察队得以顺利组建。法国驻华使馆先与清政府进行沟通，取得通关文书，商定考察路线。伯希和考察队在各地进行考古挖掘时，不必事先通报具体地点。

1906年6月15日，当斯坦因正前往罗布泊、勒柯克和巴尔图斯正在克孜尔准备带走描写佛本生的壁画时，伯希和与儿时伙伴、法国殖民军军医路易·瓦扬（Louis Vailland）博士和摄影师夏尔·努埃特（Charles Nouette）一起从巴黎东站出发了。和斯坦因考察队一样，伯希和一行也肩负多项科考任务。刚过完二十八岁生日的伯希和负责考古、语言和历史考察，瓦扬负责地形测绘、野外天文观测和自然历史考察，努埃特负责拍摄照片。除他们三人之外，还有伯希和在巴黎遇到的一个姓丁的中国人[1]。丁在1900年世博会期间来到巴黎，会说法语（特别是俚语）和英语，前后从事过很多职业，嗜酒成性。他在北京六国饭店[2]做过服务员，给作家须华勃（Marcel Schwob）当过管家。须华勃死后，他希望返回中国。伯希和对丁担任考察队厨师没有提出过多要求，但有一点，他必须戒酒。让酒鬼发这样的誓还是很难的！伯希和写道："最初几天，丁痛苦得快要死了，因为我不让他喝酒。我看到他那副德行，只好允许他喝。"[1]

伯希和探险队取道德国，一路经过围困中的华沙和正在闹革命的莫斯科。俄罗斯原本答应为伯希和考察队提供补给，但由于无法与俄方取得联系，他们在无奈之下只得搭上前往

1　丁泽英。参见 Paul Pelliot, *Carnets de route 1906—1908*, Paris Guimet, 2008，耿昇译《伯希和西域探险日记 1906—1908》，中国藏学出版社，2014 年。

2　1900 年由一个英国人建造，曾是外国游人、上层人士出入的场所，也是下台的军政要人的避难所。原有建筑已拆除，现在原址上建成一座三星级酒店，名为华风宾馆。

丁大厨。苏巴什，1907 年夏。

伯希和的哥萨克骑兵。乌鲁木齐，1907 年秋。

奥伦堡和塔什干的第一班火车。他们从巴黎出发后仅十天，就于6月25日抵达那里，并在那里停留了一个月。在这一个月里，伯希和凭借超人的记忆力学习了突厥语。经过自古以来因出产上等战马而闻名的费尔干纳河谷之后，8月2日，他们在奥什停下，筹建前往喀什的马队。他们需要二十四马，五匹要带马鞍。他们还等到了尼古拉二世沙皇派来的护卫队——两名肤色黝深的哥萨克人伊利亚佐夫（Iliazov）和博尔佐夫(Borzov)。

> 伊利亚佐夫总是很兴奋，不停地上蹿下跳，一刻也不肯消停。博尔佐夫比较沉稳，有好几次，我把带队的任务交给他，其中一次长达三个月。[2]

俄方除了派出这两名勇士外，还派来日后成为芬兰总统的马达汉（Carl Gustaf von Mannerheim）男爵上校。马达汉1867年6月4日出生于芬兰阿斯卡宁（Askainen)，当时芬兰正处于俄国统治下。马达汉经历过纷乱的少年时期，1891年进入沙俄皇家骑兵学校。根据法国和沙皇之间的协议，马达汉上校“以平民身份”在新疆加入法国考察队，原则上负责人种学考察研究，但这只是个幌子，实际上他是个间谍。为了掩人耳目，马达汉持芬兰护照旅行。他前往新疆的目的是搜集清朝军力部署情报和按照日军制式进行改编的情况，摸清西伯利亚和北京之间的道路状况。法俄友谊就是这样维系的，沙皇访法更进一步巩固了这种关系。难怪小酒馆里的人们都在传唱：

> 沙皇来了，他是俄国的儿子。
> 我们为法俄友谊高歌！

很遗憾，马达汉与伯希和之间的关系很快就恶化了。这两个强势人物在考察队领导权的问题上争执不下。马达汉指责伯希和吝啬，因为伯希和掌握财权，认为考察队的首要任务是科学考察，否定了马达汉对考察队的领导权。两人冲突不断，关系变得日益紧张。没过多久，他们相互不再说话。考察队在这种不和谐的气氛中抵达吉尔吉斯人生活的阿赖山脉。

> 从前，吉尔吉斯人被王公统治着。后来俄国将王公赶下台，但依然保留王室。最后一位王公有五六个儿子，一个在对俄作战中牺牲，一个因叛国罪被斩首，两个被流放至西伯利亚，只剩下两个留在身边。我对他们的母亲比较熟悉，俄国人承认其“阿赖山王后”的封号。她九十六岁高龄时依然可以骑马奔驰三四十公里，身手矫健。[3]

年迈的王后是伯希和的好朋友，伯希和很仰慕她。而瓦扬医生对王公的态度却不温不火：

> 有必要在这里提一下吉尔吉斯阿赖王后的儿子哈桑对

> 我们说过的话。在为我们组织的一次狂欢晚会（塔玛查）上，女王的儿子是我们请来的客人。他是一个有教养的穆斯林，曾经由斯坦布尔[1]前往麦加朝觐。他知道什么是蒸汽船、电灯、留声机，等等。他向我们讲到的这些事物，是我们的物质文明不同于当地文明的标志。他列举完这些发明，最终告诉我们说："如果基督徒没有从我们这里偷走柏拉图的书，发明这一切的就是我们穆斯林。"诚然，柏拉图被穆斯林奉为圣贤，而且是大贤，因为穆斯林把蒸汽机、电和其他许多发明都归功于他！这乍听起来有点费解。哈桑很可能是在麦加听到这种奇怪说法的。[4]

考察队翻过阿赖山脉，穿过吉尔吉斯斯坦，越过中俄边境，于1906年8月30日到达喀什。考察队受到俄国领事科洛科洛夫（Kolokoloff）的接待。科洛科洛夫出身上流社会。他发现伯希和与马达汉关系不睦，想尽一切办法避免两人发生外交事故。从那以后，马达汉与伯希和分道扬镳，哥萨克人博尔佐夫和伊利亚佐夫继续跟随伯希和。伯希和在喀什拜会了英国领事马继业，这位英国领事的夫人和孩子始终在喀什陪伴着他。伯希和跟马继业都彬彬有礼，两人关系很融洽。当时斯坦因正在于阗一带，马继业通过书信与其保持联系。伯希和知道斯坦因请马继业监视自己，但依然相信这个英国人会遵守公平

1 伊斯坦布尔旧称。

竞争原则。伯希和第三次（绝非最后一次）与中国官员接触的时候，发现自己流利的汉语增添了对方的好感。瓦扬记述道：“这也许是他们第一次遇到如此精通他们的文化和语言的欧洲人，水平简直可与他们之中最有才华的文人相媲美。”

近二十年来，特务、考察人员、探险家、学者等一系列造访者鱼贯登场，伯希和无疑是他们见到的第一个真正懂得中国文化和语言的外国人。只是伯希和晚到了一步，斯坦因和德国人已经是第二次来了，赫定也早已成为当地常客。精通汉语是伯希和的一大优势，他知道充分利用这一优势。伯希和一行在喀什进行了细致的考察。伯希和及其同伴沿着前人足迹，到达一座叫做乌什—买拉万（Utch-Meravân）的高山，山名的含义是“三仙洞”。当年玄奘从印度返回途中，越过帕米尔高原之后来到这里，所做的描述一贯详尽而具有权威性：

> [疏勒（喀什）]国南有大山，山多龛室，印度证果人多运神通，就之栖止，因入寂灭者众矣。今犹有三罗汉住岩穴，入灭心定。须发渐长，诸僧时往为剃。[5]

一千三百五十多年后，根据玄奘法师的记载按图索骥一点也不难。山丘的方向完全正确，佛窟也依然在那里，只是里面不再有僧人，因为公元 1000 年后伊斯兰教传入了当地。

正如玄奘所记载，只有“证果人”运用“神通”才能到达佛窟。1906 年 2 月，在伯希和抵达之前六个月，勒柯克和格伦威德尔已经来到乌什—买拉万，巴尔图斯从悬崖峭壁上顺着绳子爬进了僧人隐修的洞穴，俄国人彼得罗夫斯基（Petrovsky）几年前也这样干过。斯坦因抵达时正值6月，只有他选择了不冒这样的风险。伯希和虽是最后一个来的，却非常与众不同。他凭借滑轮将自己升到洞窟里。伯希和在中央洞窟墙壁上发现了白色粉饰，还有一座没有头的佛像（可能是被狂热的穆斯林割走）。瓦扬博士开始着手绘制当地地图，而伯希和利用两天时间挖掘了旁边一处佛教遗迹汗诺依（Khanui，汗廷），但只发现一些遭毁坏的佛像残片和几枚钱币。伯希和又从考古学角度转向人种学，发现旁边村庄帕依那普（Painap）中有一小片阿布达里人（Abdal）聚居区，这些人是来自波斯的穆斯林。他在进行人类学考察之余，还研究了他们的语言，并整理出他们的词汇。

在不到两个月时间里，伯希和考察队对丝绸之路的交汇点——喀什进行了系统勘测。喀什绿洲东西宽五十多公里，南北长八十多公里，从天山流下来的锡尔河经过那里，滋润着当地的土地。伯希和来到喀什时，当地主要居住着突厥化蒙古人、操着突厥语的人和穆斯林（被称为萨尔特人[Sartes]）。瓦扬医生认为他们是一帮庸人："他们最担心的是怕自己太劳累，抓住一切机会享受欢愉。"

从严格意义上讲，喀什古城分为两个城区，西边是"老城"。14世纪米尔咱·阿布·巴克尔（Mirza Abou Bakr）统治时期，土库曼人和吉尔吉斯人在老城建立了集市。往东十公里是“新城”。19 世纪，汉族官员和军队在当地安营扎寨，建立起行政和军事城区。

俄国人和英国人借助当地不同种族和宗派巩固自身影响力，将中国人从这片中亚地区排挤出去。对于刚刚摆脱马达汉影响的伯希和来说，这些方面都不足以引起他的注意，他关注的是老城区里伊斯兰教传入之前的遗迹。这片城区有很多佛塔，中国人称之为梭楼或沙楼。这些建筑显示了佛教在伊斯兰教传入之前对当地产生的影响。库尔干佛塔建于阿育王时期，塔身高二十一米，底座长四十八米，宽三十九米。两千三百年前，阿育王的长子曾被流放到于阗。在小山佛塔附近，伯希和发现一只典型犍陀罗风格的佛像耳朵。在喀什，年轻学者伯希和内心开始狂热起来。他在佛塔和遗迹之间来回穿梭，从一个时期研究到另一个时期，询问所有遇到的人，内心充满获得发现的强烈渴望。在一个叫做汗诺依的地方，伯希和考察了古迹“鸽子窝”（kaptar khana）。“鸽子窝”经阿拔斯王朝哈里发建成之后，一直用于从开罗到巴格达、从巴格达到呼罗珊再到喀什之间的飞鸽传书。在这之间，鸽子要飞越天山山脉。伯希和发现了汗墓主人，一位“伯克”[1]：

> 我们以伯克为中心，对四周的废墟进行考察，但没有找到理想的挖掘点。风对当地人来说是最好的挖掘工具。[6]

---

1 “伯克”系突厥语音译，意为“首领”、“管理者”等。

这还不算完。9月26日，在考察队即将出发之际，伯希和用狂热的笔调写道：

> 我发现道路左侧有一处高地，很像是一座建筑。我问向导那是什么，他对我说那不是一座塔。我觉得那太像一座塔了，所以要走过去看看。

窣堵坡，塔，喀什当地人就是这样叫佛塔的，而这一切都让年轻的伯希和如痴如醉。他在炮台山和沙山流连忘返。除了佛塔，还有四边形的墙，包括萨喀尔城址、哈萨城址、九间房等。伯希和激动的心情无以言表。尽管在他之前的探险者都到过新疆喀什绿洲，但他一来到这里，就发现当地遗迹在数千年间先后融合了多个文明。他的旅行才刚刚开始……

10月17日，伯希和考察队离开喀什，沿着天山和丝绸之路北道继续前进。他们的路线和当年玄奘向西前往粟特和巴克特里亚的路线正好相反。两天后，伯希和一行到达小城法扎巴德（Faizabad），受到当地县官接待。瓦扬博士记述道：

> 此人（县官）按照中国礼仪接待我们。他要我给他儿子检查身体。他的儿子年仅八岁，有先天性畸形，我对此无能为力。但我还是试图安慰他，告诉他这种畸形不影响他儿子的健康，他儿子也可以生儿育女。临别时，伯希和告诉他不必回访，我们仅仅是路过法扎巴德，不久即将离

> 开。但我们刚刚返回他为我们安排的住处，便听到县官离开衙门的炮声。他这是要来回访我们了！可我们没有作任何接待他的准备。我们正在要求中国仆人丁氏准备一点东西，县官已经到了。我们一边接待他，一边思忖如何才能避免对他不敬。照例寒暄之后，我们看到仆人丁氏端上来几杯茶，几盘瓜果，还有各种点心。每当盘子端上来，县官都会赞叹食物的精美，称赞我们旅行的舒适方式，以及我们对他的盛情款待。伯希和按照礼节对他的恭维作了回应，表示我们确实不值得如此赞扬。伯希和同努埃特以及我本人一样，也在暗自纳闷丁氏是怎么弄出这些东西的？县官离开后，我们对丁氏大加赞扬，他却用蹩脚的法语回答说："我，没什么。官老爷，都给了。"[7]

瓦扬在法扎巴德进行了多项天文测绘，努埃特拍了一些照片，伯希和在城市北部发现不少古迹，其中有很多古代佛寺残留下的塔和城址。虽然伯希和考察时间很短，比如在野鸭地的考察仅有几小时，但已经能够断定从喀什到野鸭地一带拥有数量众多的1世纪佛教建筑。直到9世纪伊斯兰教在当地取得统治地位后，那里才开始出现清真寺。

冬季日渐临近。10月26日，考察队离开法扎巴德，三天后到达图木舒克（Toumchouq，乌喙）。图木舒克是一座不小的城镇，位于麻扎塔格以西，在天山山脉和塔克拉玛干沙漠之间，东距喀什三百公里，西南距库车四百公里。

肉市。图木舒克，1906 年 10 月。

斯文·赫定到过这个地区。那里零零散散地布满了山丘，像撒在广袤平原上的一座座小岛。他在游记中提到当地有一座穆斯林古墓，伯希和决定前去考察一番。巴尔图斯和勒柯克找到过这座墓，但没来得及挖掘。这座墓看上去很普通，地面上有一些陵室，下面埋着穆斯林圣贤。只有流浪汉才会在此停留，因为这样的墓在突厥斯坦、阿富汗和伊朗几乎到处可见。伯希和虽然确信自己正站在被掩埋的文明古迹上，但还没能找到任何有价值的东西，至少无法和赫定、勒柯克或格伦威德尔的惊人发现相比，也无法与李默德发现的《法句经》相提并论。

探险者伯希和窥伺着，准备抓住一切机会。幸运之神已经在向他招手。有几个考古学家在短短两个月的考察之后（期间也许克服了一些困难）就期待着如此快地获得重大发现呢？可这样的事情偏偏就让伯希和的朋友瓦扬亲眼看到了——伯希和用鞭柄挖着地，把“压在地面上”的小石块掀开。[8]

伯希和写道：

> 我前往南山坡。前一天晚上，我们好像看到那里有一些建筑。没一会儿，我就发现了一座砖砌的方屋子，墙体依然平整，上面有彩绘。斯文·赫定对此有记录，另外他还记录了远处有土坯门的高大建筑。斯文·赫定认为这些都是穆斯林时期的遗迹，以前我对这一判断不持异议。但我担心遗漏，走到废墟最后一个角落，也是最远的地方，又发现一些烧制过的土块，就像一层层叠起来的衣服。最

> 后，一只做工精细、近乎完整的造像手臂驱走了我所有的疑团。这只手手指纤细，可惜手中握着的器物已经损坏。这不是穆斯林清真寺，而是一座佛教寺庙。过了一会儿，我又发现一个头像，可惜也损坏了。这个佛头看上去有点像奥林匹斯山上的宙斯。我用马鞭把儿刮着地面，又发现一个面目狰狞的天王头像。这些已经足够了。明天我再找些人来，把这个遗迹里成堆的碎片彻底挖开。就在这时，我又用马鞭打死一条趴在废墟里的蛇。瓦扬见此情景后兴奋不已。我把大家召集过来，他们只找到几块碎玻璃……我告诉我们的中国“士兵”丁氏，我需要十五个人。他干脆利落地回答说：遵命。多么惹人喜欢的地方！[9]

第二天，也就是 10 月 30 日一早，伯希和就凑齐了十五个人。他认为已经确定了佛塔的位置，挖掘工作随即开始。没挖多久，一座穆斯林古墓就显露出来，先是石板地面，然后砖砌的墙体也出来了。

> 盖尸布保存完好，尸体头部有几块皮肤依然油润，紧贴在头上。盖尸布和尸体的状态并不能说明什么问题……只是死者的头朝向麦加方向，应该是穆斯林。

图木舒克佛教徒的后代改信伊斯兰教，把已有的废弃建筑改成了坟墓。当地居民被问及此事时，完全说不上来墓地的事情。这些事应该发生在中世纪，当时的佛教寺庙还保留着一部分原貌。

> 我们挖出几块枯骨和一个陶土老妇人头像，面部表情很丰富。另外还有一个骆驼头、一只鸟（鸽子？）、几只手和脚，最后又挖出几个新制的老妇人头像……以及一两个佛和菩萨小头像。我现在可以肯定，佛教在这里存在过，因为随处可以找到很多塑像残片，证据确凿，已不仅仅是假设。[10]

在这其间，努埃特拍摄了一些高质量的照片。在两天时间里，瓦扬进行了地理测绘，伯希和在托古孜—萨莱（Toqqouz-Sarai）和图木舒克塔格挖出两座寺院遗迹。一个人面像被挖出来，然后还有刻着“佛本生”浮雕的墙基。11 月 1 日，气温下降到五度。伯希和手下有十五个工人和一个“负责盯着他们的工头”。工人拿来一枚很大的中国钱币，伯希和毫不费力地辨认出这是中国封建时期流行的一种货币——崇宁通宝。另外还有一些穆斯林钱币，伯希和也一一加以辨认。工头带伯希和去看一尊刻在半山腰的佛像。佛像坐在莲花宝座上，体积不大，损坏严重。佛教在图木舒克已消失上千年，但当地依然随处可见佛教的影子。伯希和回到挖掘现场，工人又挖出一些大型塑像残片。对伯希和而言，考古的春天到了，麦子已经从地里长出来，他即将开始收获。

> 随后，我用刀撬出一大块残片，残片另一面显示出保存完好的菩萨头像。从那以后不断有新发现，但大型塑像都已经坍塌损坏。甚至连墙壁也好像经历过火灾，只留下些零散碎片。这些陶土碎片大多出自普通工匠之手，谈不上艺术精品，但对我们仍然是很大的鼓舞。[11]

伯希和还获得一个意外发现：古寺院主建筑露出地面，墙壁上满是装饰，浮雕和塑像的保存状态都非常好。伯希和在新疆偏远小镇图木舒克完成了第一次重大发现，当地没有任何人看管，更没人过问他在干什么。寺院主建筑西侧的发现包括：

> 一批中小型头像，其中有一个马头……一个留有细胡须的佛头和一个蒙着狮子皮的佛头……简而言之，从那以后我们又增添了新烦恼，怎样把这些宝贝都运回去呢？几个头像、几只手脚，还有几块毯子，就让我们塞了满满几箱子。我们只好把一尊破碎的塑像留在原地，尽管挖掘时费了很大力气。这尊塑像包裹得严严实实，右半部保存较好，肩膀裸露，头已经丢失。努埃特拍了照片，然后我们又把它埋了回去。[12]

伯希和在远处挖出一座雄伟的土坯佛寺，并把它命名为“B 号寺”。

须阐提故事浮雕。图木舒克，1906 年 11 月。

僧伽罗故事浮雕。图木舒克，1906 年 11 月。

> 第一块浮雕挖出来以后，一座身形消瘦的立佛就显露出来。佛像损坏比较严重，右边有一个高级种姓的僧侣，肩披彩带，坐在很高的长鼓上，左边有四个女人。我们认为有必要挖出整座佛寺，所以第二天还得再来。[13]

要想从砂石堆中挖掘出易碎的浮雕，就必须使用刀具。努埃特忙着照相，瓦扬在绘制地图，而伯希和带着一名工人在山野间来回不停地走动，考察周围情况，并且时不时过来看看进展如何。几个小时后，带有大浮雕的“B 号寺”从地里挖出来，浮雕上描绘了佛转世前的一生。在建筑的中心位置挖出三块土坯板，出自 11、12 世纪时期同一位艺人之手。每块板上都讲述了一个中国佛经中记载的印度传说。

据《贤愚经》记载，特叉尸利国王和他的九个儿子都被罗睺杀害，但第十子修婆提罗致（汉语译为“善住”）因为有夜叉从地里冒出来通风报信，得以携妻儿幸免于难。在逃跑途中，食物开始匮乏。修婆提罗致企图杀掉妻子，但儿子须阇提（汉语译为“善生”）愿意代替母亲充当食物，于是他身上的肉被一天天割掉，最后遭父母丢弃。这时候，帝释天化作猛兽出现在须阇提面前，也要吃他的肉，须阇提同意了。帝释天问他牺牲自己是否后悔，他回答说没有丝毫悔恨，并祈祷如果自己所言属实，就让自己的身体恢复如初。帝释天满足了他的愿望。须阇提回国后战胜了罗睺。[14]

第二块板子上讲述了释迦牟尼化身苦行僧伽罗的故事，中国佛教典籍中也有引用：一只鸟儿见他专注不动，竟在他头上筑巢下蛋。他一直凝神静坐，直到新生的小鸟展翅飞走。[15]

第三块板子上讲述的是须达拏王子的故事。须达拏王子是叶波国国王湿婆王的儿子。他乐善好施，将国宝白象赠予他人，国王将其赶走。他携家人浪迹森林，乞丐恶婆罗门向其索要一儿一女，他竟同意了。帝释天化身婆罗门，他又将妻子曼坻公主赠予对方。最终须达拏王子一家团圆，他也成为释迦牟尼的下一个，也是最后一个化身。[16]

图木舒克虽然远距印度河流域数周路程，但在那里，几天内就能挖出带有印度远古风格的碎片。当然，这些碎片也是中国文化遗产的一部分。伯希和在“I 号寺”发现的菩萨头像与喀布尔附近绍托拉克（Shotorak）和马夯加之丘（Tepe Marandjan）同时期的作品风格相近，而女施主头像让人想到阿富汗贾拉拉巴德古寺哈达的绍托尔之丘（Tepe-i-Shotor）的那些。由此判断，《贤愚经》中提到的特叉尸利国王和天神帝释天曾经在附近的印度河源头占统治地位。

伯希和还在图木舒克发现一座后犍陀罗时期的寺院，其鼎盛时期应该是 9—12 世纪。当地艺术家和丰都基斯坦（Fondoukistan）、绍托尔之丘等大型印度犍陀罗风格寺院里一样，也从印度典籍中寻找灵感。伯希和在那里搜集到一批希腊式佛教艺术品，它们日后成为吉美博物馆第一批该风格藏品。“I 号寺”内的塑像完成于 9 世纪，那时僧侣们已经从克什米尔、犍陀罗和巴克特里亚出发，前往中国传教。正是受他们影响，丝绸之路的佛寺里才有了来自印度的神鬼形象，如夜叉、天神、恶婆罗门、圣人等。但在向东四百公里的库车，僧侣、教民和佛的木刻像则反映出佛教和中国元素相融合的情景。

如今，伯希和在图木舒克的发现已经成为吉美博物馆的骄傲。当年伯希和的挖掘行动进行得紧锣密鼓，完全有悖于当今行业规范，因为他时间紧张，经费只够支持一年考察活动。如果再想获得经费，就必须取得具有说服力的成果。另一方面，他与对手之间的竞争也异常激烈。如果伯希和不及时带走自己的发现成果，斯坦因、勒柯克等人到达之后，当地村民会将这些物品卖给他们。如果是这样，伯希和将财物两空……

第七章　都勒都尔·阿护尔

“沉溺女色，贪图享乐，这对我来说已经结束。”

冬天已经近了，我们缺衣少穿，只得赶紧上路。

法国考察队经过广泛收集，共获得几大箱子、数百件古董、雕塑、壁画、灰墁浮雕、模塑、佛头、菩萨头、神像头、鬼头、施主头，还有袒胸露乳的男女上半身塑像（与三十年后约瑟夫·哈金在巴米扬丰都基斯坦发现的类似）。1906 年 12 月 15 日，考察队离开图木舒克。1907 年 1 月 2 日，他们抵达位于天山东麓、塔里木盆地的库车绿洲。伯希和在那里见到了同行、俄国人别列佐夫斯基（Beresovsky）。此人来自西伯利亚，生性喜欢寒冷，可以在零下三十五度的野外裹着被子睡在雪里，在室内反倒觉得憋闷。伯希和通过他得知格伦威德尔和勒柯克已经抢先了一步。

尽管如此，伯希和并没有气馁。当地冬季气温极低，堪与极地相比，一直持续到3月，考察队行动因此受到限制。伯希和利用这段时间考察了库车古迹，尤其是英国人、德国人和日本人以前没有深入挖掘的地方。这段时间里，瓦扬医生开起了诊所。以前这在当地闻所未闻，因为当地人只知道传统医学，包括阿拉伯、印度和中国医学。

> 不消说，诊所取得了一定成功。有几个对我们来说很简单但疗效显著的病例，让我轻而易举赢得了声望，甚至甘肃的蒙古族人也听说我了。我先举一个抽取腹水的病例。患者来就诊时腹部奇大，几小时后，当他离开时已经消除这样的累赘。还有一名军官与上级发生了激烈争吵，他想给上级制造点麻烦，但受中国官场之道限制，也没什么好办法，只得试图通过吸食鸦片毒死自己。我运用传统疗法，四十八小时内便帮他戒了毒。[1]

1907年冬，伯希和手持《大唐西域记》寻找古迹。与周达观相比，玄奘更称得上伯希和的向导。他指引伯希和发现“三仙洞”和汗诺依，向伯希和展示了自己民族的文明。从这点来讲，玄奘的成就又增添了一层新的含义。

629年，玄奘开始伟大的西行。他在屈支国，即今天的库车做了停留。玄奘描述道：当地产稻米和水果，还有金、铁、铅等矿产。当地书写的文字源自印度，传入后略有改动。玄奘很细致，共统计了近百座庙宇，其中包括一座神寺，“僧徒五千余人，习学小乘教说一切有部”。

丝绸之路上的库车有很多传说，当地僧侣就向玄奘讲述了“大龙池”的故事。相传远古时期，“诸龙易形，交合牝马，遂生龙驹”。后来，“龙变为人，与诸妇会，生子骁勇，走及奔马”。

> 人皆龙种，恃力作威，不恭王命。王乃引构突厥，杀此城人，少长俱戮，略无噍类。城今荒芜，人烟断绝。

记述了壮观的昭怙厘寺之后，玄奘还提到僧人聚集的大会场：

> 会场西北，渡河至阿奢理贰伽蓝（唐言奇特）。庭宇显敞，佛像工饰。僧徒肃穆，精勤匪怠，并是耆艾宿德，硕学高才，远方俊彦，慕义至止。国王、大臣、士庶、豪右四事供养，久而弥敬。[2]

在此停留期间，玄奘还研究了阿奢理贰寺的历史。文中记载：

> 昔此国先王……命母弟摄知留事。其弟受命，窃自

> 割势，防未萌也。封之金函，持以上王。王曰："斯何谓也？"对曰："回驾之日，乃可开发。"即付执事，随军掌护。王之还也，果有构祸者曰："王令监国，淫乱中宫。"王闻震怒，欲置严刑。弟曰："不敢逃责，愿开金函。"王遂发而视之，乃断势也……王深敬异，情爱弥隆，出入后庭，无所禁碍。王弟于后行，遇一夫拥五百牛，欲事刑腐。见而惟念，引类增怀："我今形亏，岂非宿业？"即以财宝赎此群牛。以慈善力，男形渐具。以形具故，遂不入宫。王怪而问之，乃陈其始末。王以为奇特也，遂建伽蓝，式旌美迹，传芳后叶。

冬季结束时，伯希和停止了自己的计划。4月，考察队先到达库木吐拉（Qoum-toura），那里的都勒都尔·阿护尔（Douldour-âqour）寺石窟中画满了壁画。石窟位于木札提河（Mozart，渭干河）畔、却勒塔格（Tchöl-tagh）山口处，俯瞰着都勒都尔·阿护尔古寺遗迹。随后，考察队来到苏巴什（Soubachi，即"水源"），库车河流经那里，两岸有两座重要佛寺遗迹。考察队进入山区，发现此地是玄奘提到过的一个矿区。

1907年3月16日，伯希和一行在都勒都尔·阿护尔安营扎寨。木札提河摩崖石窟已被巴尔图斯和勒柯克彻底发掘过，他们带走了其中最精美的壁画。这些德国人还清扫了旁边的佛寺遗迹。但由于石窟规模庞大，伯希和相信自己也能有所发现。然而最初几天还是很令人失望，仅发现几枚生锈的中国钱币，一些汉语和梵语写本残片，还有布头和草鞋。这些物品对科学研究很有价值，可以提供关于丝绸之路沿线居民生活方式的重要信息，但对伯希和而言还是难以令人满意。

4月22日，伯希和在努埃特陪同下，带领二十五名工人挖掘一座被烧毁的建筑。除了一些残破的塑像外，他还发现一本炭化的婆罗米文写本，上面的文字和在赫库兰尼姆(Herculanum)古城[1]发现的写本一样清晰可见。凭着这点蛛丝马迹，伯希和坚持认为这部分遗迹躲过了德国人的视线。第二天，他的坚持得到了回报，那本婆罗米文写本指引他发现了正途。在一个碎石洞里，他挖出一块人类头骨碎片，除此之外还有写本，很多写本。

> 我们发现了都勒都尔·阿护尔的藏书楼……这座建筑完全幸免于火灾，但被潮湿侵蚀得很严重。寺庙发生火灾时，藏书楼好像未受殃及，但最终未能避免雨水侵袭。[3]

伯希和考察队即将实现一项重要目标。他将所有力量集中在藏书楼上，亲自指挥挖掘。

> 4月25日……写本清理工作完成，比我预期的要好。

1 意大利古城。公元79年，与庞贝、斯塔比亚两城一起被维苏威火山大喷发湮没，1709年重获发现。

> 尽管有不可避免的遗失，这点很让人遗憾，但我们还是清理出大量折页残片和完整折页，以及七八本近乎完整的写本……一座文学宝藏（日后证明，这些发现从文学角度看价值甚微，但从印度和远东“文化”角度看价值很大）。[4]

这是一个重大发现。伯希和与埃米尔·塞纳尔经常通信，内容涉及很多方面。当天，他就在信里坦言：

> 我觉得，都勒都尔·阿护尔就是玄奘提到的“阿奢理贰寺”。他认为该寺位于库车以西、木札提河沿岸。我又读了玄奘的描述，认为对“阿奢理贰寺”的定位也确定了玄奘在库车和阿克苏之间的取经线路。实际上，“阿奢理贰寺”（而不是库车）与跋禄迦国（也就是阿克苏）相距六百多里，玄奘不可能选择现在这条线路，因为“阿奢理贰寺”和这条路之间有一条车马难以逾越的屏障，即却勒塔格山。玄奘应该是选择了却勒塔格山南边的古道，也就是17世纪耶稣会神父鄂本笃（Goës）走的路。[5]

伯希和十分兴奋，继续挖掘玄奘提到的“阿奢理贰寺”。接下来的几天，他又挖出一些佛头。5月初，在一个粪坑里发现大批刻有婆罗米文的板子，这些残片保存良好。5月21日，工人挖出寺庙正门。伯希和在一堵墙里发现一部大型纸张写本，仅小部分被火烧坏，仍然算得上完整的婆罗米文卷子。

> 也许这些是我们在都勒都尔·阿护尔最有价值的发现，谁知道呢？用这种尺寸的纸张书写，也许不是一部佛教典籍，而可能是关于当地的记录。如果运气好的话，没准上面写的是一段历史，其价值将不可估量。写本只有一小部分被烧毁。[6]

谁知道呢？不管怎样，伯希和所不知道的是，在1907年5月21日这光荣的一天，斯坦因在罗布泊沙漠发现一段中国古长城遗迹后抵达敦煌，和王道士攀谈甚欢，并利用两人对玄奘的共同兴趣赢得了对方信任。在斯坦因诱骗下，王道士拿出一系列佛经和图书目录。斯坦因由此得出结论：这些佛经都是玄奘根据印度原著翻译而来。斯坦因对王道士说这是天意，随后便进入藏经洞。当时洞墙已经倒塌。经过挑选，斯坦因带走二十四箱写本和五箱画卷，还自认为“做了一件善事，为西方学者拯救出这些古代佛教艺术和文学遗著，否则它们迟早会被当地人毁掉”。这就是斯坦因的所谓“伟大成就”。相比之下，年轻的伯希和的发现和推论显得微不足道。但这对伯希和而言还不能算失败，因为斯坦因不懂汉文，挑走的未必是最好的。其次，这个爆炸性发现并没有散播出去，因为斯坦因担心中国官府做出反应，因而守口如瓶。直到一年后，他抵达伦敦时才对外公布。从心理上讲，伯希和也没有输，他还很年轻。5月28日，伯希和写道：“今天是我二十九岁生日，我们完成了对都勒都尔·阿护尔的挖掘。”几天后，当考察队向苏巴什前进时，他又写道：

> 总之，我们在这儿停留的时间与图木舒克差不多。虽然战利品体积相对较小，但我还是很满意，因为我们发现了大量写本……一个谜团一直困扰着我，也许在苏巴什可以找到答案：为什么在图木舒克有很多保存完好的雕塑，但没有写本，而在都勒都尔·阿护尔有这么多写本，却只有一些塑像残片？

伯希和心中有很多疑问，但也有一些事情可以肯定。6月6日，当伯希和一行到达苏巴什时，他对在1月份考察定位期间参观过的这个遗迹有了明确的工作计划（当时瓦扬医生正在库车替人看病）：

> 只需看一眼，我就发现这正是玄奘见到过并记录下的佛寺。佛寺很古老，《水经注》在玄奘之前已经对它进行了命名。实际上这是两座寺，分别位于铜厂河两岸，比我来喀什之前看到的那些寺不知要宏大多少倍。“东寺”和“西寺”各自绵延将近一公里，有的建筑至今仍高达十米。另外还有佛塔，大多没受太大侵蚀，保留着当初的外形。整个佛寺用土坯建成，经受风吹雨淋，外墙涂层和绘画都已不复存在。到目前为止，唯一在这里进行过挖掘的西方人竟然是……日本人！！！据说他们挖掘的成果并不令

> 人鼓舞，只发现一双便鞋。不管这些，我们有很多工作要做，至少也要绘制一张详细的地图。[7]

伯希和发现，苏巴什寺庙的规模和图木舒克一样，堪称城市，并且很多建筑都遭遇过火灾。他在那里又遇到别列佐夫斯基，后者正在绘制当地地图。6月11日，伯希和开始挖掘工作。他带领着六十七个工人，挖掘了一座佛塔及周边建筑，但结果却令人失望，仅仅有一些钱币、一口铜锅和几片没有文字的桦树皮。别列佐夫斯基挖掘了一座小佛塔，也没有太多发现。这一对俄国人和法国人的关系融洽，友好多过竞争。事实上，也确实没有什么发现能激起他们的竞争欲望。7月10日，伯希和结束在苏巴什的挖掘，失望之情溢于言表：

> 唉！对东寺的挖掘基本结束，没有达到我期待的目标。挖出的几个雕塑和都勒都尔·阿护尔差不多，远远比不上图木舒克。写本方面，我们只发现几小块婆罗米文、汉文和回鹘文残片。[8]

库车，失败之旅？发掘结果确实差强人意，但也许正是在那里，伯希和将获得在新疆期间最有价值的发现。

1907年1月26日，他刚刚到达，一个当地人就拿来六七块方形木板，上面用婆罗米文字母书写着一种叫做“吐火罗”的语言。这种印欧语言曾在公元1世纪存在于突厥斯坦北部、库车以西到吐鲁番之间的地区，使用这种语言的民族叫做焉耆(arci)，很可能是借用了梵语“arya”。在汉文和突厥化蒙古人入侵的压力下，吐火罗语在10世纪走向消亡。伯希和虽不是婆罗米文专家，但也只需看一眼即可辨认出这种文字。当地人说这些板子是在库车以西的峡谷（Tchalderang）西边一个哨塔（卡伦）里发现的。伯希和马上让人带他前往：

> 我进入山谷，在一座古塔脚下开始挖掘。我希望发现更多带有文字的木板，之前他们已经给我拿来一两块。在那片大雪覆盖的土地上，我挖了不到二十厘米，确实发现一些完好无损的板子。十个世纪的风霜雪雨没能侵蚀到它们。[9]

这些发现具有很高的历史价值和语言价值。考察队返回法国后，西尔万·列维翻译了这些刻板。正如列维所说，这是7世纪龟兹国王苏伐叠统治时期（624—646）颁发的正式官文。玄奘可能见过这位国王：

> 我翻译的部分足以证明这些文书的性质。它们是颁发给商队的通行证，凭此可以提高进出关卡的检查效率。通行证上详细记录了商队组成情况。我们据此了解到一些在中亚地区旅行和经商的信息，详细程度多少出乎了我们意料。商队从一个哨站到另一个哨站，始终处于当地驻军监

视和保护之下。每到一站，商队都须出示通行证，换取新通行证后方可继续前行。[10]

龟兹国按照汉人的模式建立起一套哨所体系，监视过往商队。伯希和挖掘的哨站即是丝绸之路上一系列古驿站和关卡中的一个。直到今天，我们仍可在兴都库什山脉和巴米扬河谷这段丝绸之路上看到修建于8、9世纪的古哨所。从“红城”（Char-e-Zohak）到“叹城”（Char-e-Golghola）大约三十公里（2001年，对面崖壁上的巴米扬大佛被塔利班炸毁），其间每隔一段距离路边就会出现一些堡垒，当地人称之为“叛逆塔”（burj e kafiri）。

伯希和还在库车发现一本7世纪的写本，用墨在纸张上书写了吐火罗文。这种文字的书写形式是婆罗米文在库车的变种，采用婆罗米文发音体系，从左向右书写。誊写这种文字的人也用它来抄写梵语写本。伯希和发现的写本上讲述了菩萨（即将成佛）“出走”的故事：他厌倦了世俗生活，趁着夜色溜出迦毗罗卫城，来到印度，开始在那里潜心修行。故事以印度传统剧本形式出现：

太子道：“去告诉车匿。”侍者答道：“遵命。”侍者下。太子脑中闪现了女色，道：“生者的要义在于，他们虽不能把持自己，却相信自我，人的肉身即是如此。五欲上升，人就更加无知。此是何道理？因为女色可以腐蚀思想，思之即为沉溺，即为不醒。”

侍者上。车匿对太子恭敬道：“骏马犍陟已按太子之意备好。”

太子起身，道：“沉溺女色，贪图享乐，这对我来说已经结束了。这是我在宫中的最后一夜。山天碎为百片，我亦不会再进宫来。”

插曲：一群鬼神和天将相互嚷嚷，乱作一团。

门神道：“关上宫门。”破魔道：“关门。”[11]

丝绸之路上除了这些体现吐火罗语的实物外，还有苏巴什岩洞墙壁上的壁画，伯希和与努埃特对此进行了大量记录。另外还有梵语、突厥语、回鹘语和汉语文字痕迹，大多是信徒经过此地时写在上面的，用以标明他们的姓名、到达此地的日期和出行目的。

离开库车后，伯希和暂时放下考古工作，不再遵循玄奘的路线，变成一个名符其实的探险者。7月26日，他开始寻找通往天山另一侧西突厥斯坦和贝加尔湖上裕勒都斯蒙古人区的道路，那里对金石与美文学院的学者充满着诱惑。伯希和沿库车河逆流而上，经一座高约三千米的山口越过第一道天山山脉，又经一座三千六百米的山口越过第二道和第三道天山山脉，终于抵达上裕勒都斯河谷。蒙古女王的宫殿就建在那里。

伯希和来到一片水草丰美之地——蒙古人放牧的地方。那里有旱獭、野兔、羚羊和鹿，景色令人心旷神怡。这样的发现与塔里木盆地的佛塔和佛寺一样让伯希和兴奋。他试图寻找通向库车河的通道，但遇到难以逾越的阻碍，只得返回库车，与瓦扬和努埃特会合。之后，三人一起前往新疆首府乌鲁木齐。从法国汇来的经费已经到账，考察期限延长了一年。这是个胜利，是巨大的鼓舞！塞纳尔、法兰西学院和法国知识界一直密切关注伯希和考察队，现在他们的行动获得了认可，前进的方向更加明确。考察队应该继续追寻玄奘的足迹，考察玄奘经过的地区，发掘当地古迹。

考察队继续前进，到达焉耆绿洲后稍作停留。巴尔图斯、格伦威德尔和勒柯克已对当地进行过挖掘，本来没必要再费工夫，但玄奘当年到过这里，还遭到土匪抢劫。伯希和考察完废墟，到邻近的山里进行定位，瓦扬医生开展观测工作：

> 停留期间，我在焉耆沼泽搜集到各种动植物标本，包括鹤、鸭、猛禽和鱼，其中一条鱼长一点二米，重三十公斤。我还在芦苇丛中找到一个蒙古人颅骨，另外那里还有野猪。一个蒙古人感谢我对他的治疗，送给我一条野猪腿，我的穆斯林随从对此极为反感，他们无法接受如此令人厌恶的礼物。除了整理这些飞禽和游鱼标本外，我还进行了一系列天文观察，包括一个晚上的三次星体掩始。[12]

1907 年 10 月 9 日，经过一年的考察和发现之旅，伯希和考察队来到乌鲁木齐。当时中国局势依然是国际社会的热点。

1902年初，慈禧太后携光绪皇帝逃往西安十六个月后返回北京，重掌大权。她的心腹荣禄死后，其势力逐渐衰弱。为赢得民意并讨取外国势力欢心，1906年，她许诺在九个月内颁布宪法。这些都是徒劳，中国百姓已经看到清王朝行将就木，义和团也不会善罢甘休。1903年，义和团再次爆发动乱，遭到北洋大臣袁世凯镇压。接下来的1906年和1907年，汕头和北海分别再燃战火。当时，外界已得知光绪帝身染重病，慈禧太后也已瘫痪，继位之争已经展开。乌鲁木齐不仅流放着支持1898年光绪帝和康有为“百日维新”的人，还有1901年义和团动乱的头领。这些人表面上故作冷漠，实际上都非常关注局势的发展。

伯希和一到乌鲁木齐，就和当地抚台（汉官）、绥台（满、蒙官员）以及很多文人进行了多次交谈，还见到当地掌管司法和财政大权的藩台。

> 藩台是一个出色的文人，好奇心很强。他为自己的同胞编写过一部古希腊史、一部罗马史，还有一部从查理曼大帝到“三十年战争”的欧洲战争史，当然还有一部拿破仑史。可以说，这位文人在整个中国都很有名气，我们遇到的所有中国官员都免不了提到他。藩台的最近一部著作有关欧洲算学。当地知识分子都视伯希和为内行人，总向他提出一大堆要求和问题。其中一个人要求伯希和用几页纸概述欧洲哲学近两个世纪以来的发展，还有一个向伯希

伯希和（后排右二）与中国的流放官员。乌鲁木齐，1907 年秋。

和索取详细介绍欧洲信贷的文章。这些文人对笛卡儿、培根、莱布尼茨和康德都有所了解，所提问题涉及欧洲政治和议会制度，以及社会风俗等领域。伯希和参观了乌鲁木齐高等学府，那里既有萨尔特（维吾尔）人，又有汉人。伯希和向正在上俄文和英文课的学生提问，很自然地使用突厥语或汉语。他们当然会认为，能毫无困难地使用四种语言的人肯定无所不知。然而在那个时代，即使是思想激进遭到流放的改革派人士，也仍然是中国人。在中国人赠送的一部著作里，伯希和惊奇地发现这样一句话："欧洲人之所以在物质文明方面获得如此巨大进步，是因为他们以前非常不幸。但我们中国人知道自己的祖先很幸福，我们只要效仿先人就可以了。"[13]

此外，伯希和还见了其他很多人，在比利时天主教圣母圣心会（Scheut）的教区秘密会见了苏将军。此人以前是皇家禁军和黑旗军头领，在东京打败过加列尼（Gallieni）。1906年，他被慈禧逐出京城。他在乌鲁木齐受到朝廷严密监视。百无聊赖之中，他总想找各种机会在法国旅行家的陪同下出去消遣一番。

伯希和在乌鲁木齐最重要的活动应该算是再次见到皇帝的堂兄、端郡王载漪的弟弟澜国公。澜国公是义和团统领，1900年7月17日伯希和跑出使馆区那次，他第一次见到并审讯了伯希和。这一次，两人见面后相互拥抱，甚是亲热。

“岁月让这位义和团统领变得更加睿智，我们用香槟酒热烈庆祝彼此化敌为友。”[14] 1901 年，在西方列强要求下，并根据义和团运动失败后中国与列强签署的协议，澜国公被终身流放至新疆。他在新疆受到广泛礼遇，身边围绕着一群官员和幕僚。伯希和受澜国公邀请参加大型宴会时，总是和他坐在一张桌上。因为酷爱摄影，澜国公还把努埃特当成了参谋。

伯希和在乌鲁木齐期间，头一次听说一个道人在 1900 年修缮敦煌千佛洞时发现了一批写本。当时，那个道人的榔头敲在佛洞墙壁上，里面传出空空的回响。洞里的一些写本已经在民间流传。伯希和就此事询问澜国公。对方回答说，他路过敦煌时，道士给了他一本卷子。为表示友好，他决定把卷子当做礼物送给伯希和。

“我看了一下，很快发现这是一本 7 世纪的写本。”

前往敦煌！

第八章　敦煌

“平均每小时要在洞里翻阅一百册卷子，那是文献学家在用开车的速度翻看写卷。后来，我放慢了速度。”

1907 年圣诞节前夕，伯希和离开乌鲁木齐，经“官道”前往吐鲁番。吐鲁番绿洲位于古丝绸之路北侧，拥有众多考古遗迹。但伯希和不打算在吐鲁番停留太久，因为格伦威德尔和勒柯克分别于 1902 年和 1904 年到过那里，他们所获得的发现已经陈列在柏林的博物馆里。伯希和时间紧迫，必须尽快赶到敦煌，看一看敦煌佛窟和著名的藏经洞。1 月 24 日，伯希和抵达哈密，来到位于戈壁滩和蒙古之间的中国门户。玄奘把哈密称为伊吾，这是他西天取经途中提到的第一站。那个时候，当地居民大部分是回鹘人。高昌国王视玄奘为挚友，有意将他留作高参，协助管理宗教事务，遂将他掳到自己国内：“自承法师名，身心欢喜，手舞足蹈。拟师至止，受弟子供养，以终一身。”[1]

到达伊吾时，玄奘刚开始取经之路，只得拒绝高昌王的一片盛情，因为“但玄奘西来为法，法既未得，不可中停”。[2] 怎奈国王一再坚持，玄奘只得绝食三天。第四天，国王不再坚持，答应放玄奘走了。

四天，这也是伯希和在哈密停留的时间。1 月 28 日，伯希和离开哈密，深入戈壁滩腹地，去迎接铺天盖地的寒冬。他必须经受严寒的考验，一行人马在冰冻的天气中遭受了一些损失。随后，天气变得晴朗起来，但气温仍在不断下降。伯希和考察队穿行在崇山峻岭之间，在海拔一千五百五十米的星星峡发现了此次东行途中最后一座穆斯林坟墓：

> 穆斯林圣贤的墓上插满了木棍，朝圣者在上面系了很多布条。我们在那里测量到整个旅途中的最低温度（-36℃），尽管当时我们并没有太多感觉。[3]

必须给牲口卸掉驮鞍，因为它们已经不堪重负。在缺少食物的情况下，只能拿斧子砍了它们吃肉。夜里，伯希和与同伴们挤在朝圣者歇脚的小屋里取暖。这段日子是最艰苦的时期，即使是穿越戈壁滩时的酷暑也不足以与之相提并论。考察队从喀什出发以来，经受了严寒的极端考验。无论付出怎样的代价，也要到达敦煌。

伯希和一行沿着有水井的地点，一步一个脚印地前行。经过星星峡后，海拔已经上升到一千六百米。随后，他们再次走向飞沙走石的荒漠，一直走到疏勒河边。这条河宽二十多米，水量充沛。他们渡过河，对岸的景色迥然不同：

> 再过几公里就是柽柳沙漠，然后是盐碱地和柽柳丛，有不少佛塔和房屋遗址。从石槽子开始，便进入了沙州（敦煌）绿洲，那里距离城市十七公里。[4]

沙州绿洲方圆二十五公里，以贯穿南北的沙州河命名。它位于南山山脉北侧，与西藏隔山相望，占据了甘肃省最西端，是甘肃的一个行政地区。伯希和考察队在新疆考察了十五个月后走出那里，超越了最初设定的考察范围，来到敦煌。

尽管在《大唐西域记》和《大慈恩寺三藏法师传》中玄奘没怎么提到敦煌，但他在西行往返途中都曾在敦煌停留。根据伯希和的说法，“在玄奘所处的时代，敦煌是中华文化向西方传播的前哨站，将亚洲古老文明与远东地区联系起来”。[5]

20 世纪初，敦煌有八十五个村庄、三万人口，全部是汉族人。敦煌行政首府沙州城人口三四千人，到处是商人和手工艺者开的店铺，另外也有一些农民：

> 农民们精耕细作，尽管他们使用非常原始的农具，但

敦煌的悬崖与河道。1908 年 2—3 月。

敦煌集市，1908 年 2 月。

小麦、大麦、玉米收成都不错。他们颇有耐心，顽强地对抗着周围的盐碱地，试图扩大自己的耕地面积——用沟里挖出的泥沼铺在盐碱地上，厚度不到一米。[6]

尽管如此，他们的生存条件依然艰苦，毒品在当地很流行：

尤其是在敦煌，吸食鸦片已成为痼习，无论男女都会沾染。孩子哭闹时，母亲甚至把鸦片烟吹到孩子脸上，好让他安静下来。[7]

伯希和一行到达时即发现绿洲北部有一些村庄遗迹，大部分村庄都有类似堡垒的建筑。在漫长的历史中，敦煌经常成为来自哈密、于阗和南山游牧部落的侵袭目标。“农庄周围建有高墙，四角有高大的塔楼，守望着广阔的村落。居民和牲畜可以躲在里面，抵御外界侵袭。当地人和部分财产得到了保护，但最完善的灌溉系统却没有任何屏障，很多水渠遭到破坏，无法使用，导致盐碱地面积进一步扩大。”[8]在绿洲腹地，有一个形似月牙的湖，湖南岸陡峭的悬崖上雕刻着汉人口中提到的千佛洞，维吾尔人称之为明屋。2 月 25 日，伯希和在千佛洞与努埃特及瓦扬会合，他们已在伯希和之前先行抵达。

古河床已经干涸，岸边悬崖上雕凿着数百个佛窟，窟内绘有壁画，座台上刻有佛像，这就是千佛洞，距离敦煌

> 城东南约十五公里。古时的僧侣不住在佛窟中，而是住在修建于干涸河床上的露天寺院里。大部分佛窟壁画都是5—11世纪的作品。壁画中数以千计的注释对壁画进行了解释，并注明了年代。我们借此可以研究佛教艺术在中国西部最辉煌的一段发展史。魏、唐时期的佛教艺术，在别处只能见到浮雕和造像，这里却有一系列体现其发展过程的板绘。[9]

这里的洞窟完好无损，和丝绸之路上其他地方，例如乌什—买拉万和库车的洞窟不同。瓦扬记述道："穆斯林从未到过这里，虔诚的佛教徒在这片四十多米高的山崖上开凿佛窟，窟内壁画未遭到破坏。"

直到当时，还没有人对这些石窟进行过"认真"研究，包括先前来过的斯坦因。伯希和马上开始工作，瓦扬负责绘制地图，努埃特拍摄照片。伯希和给洞窟编了号，共有182个值得研究。随后，伯希和列出清单，对千佛洞进行系统性研究。洞窟中的造像、壁画、浮雕和装饰图案令人叹为观止，但这些并不是伯希和最关注的，最让他着迷的是阅读洞窟墙壁和石碑上的文字。

伯希和的笔记中夹杂着法文和汉文，抄录了负责各个洞窟的僧侣和施主的名字。这里和阿富汗兴都库什山脉的巴米扬一样，出资修缮、装饰和修整石窟的人通常是一些游客。有时候，这些有头有脸的来访者希望僧侣为其祈福，获得他们的庇佑。和在库车一样，僧侣们也会把自己的名字写在墙壁上。僧侣效仿施主，名字用汉文书写，但也有用蒙文、藏文、回鹘文甚至印度原始文字婆罗米文书写的。亚洲各族人都到过敦煌千佛洞，有的甚至在千佛洞驻留。巴米扬同样也迎接过来自印度、波斯和中国的访客。例如当年的玄奘，他在巴米扬一定不会有背井离乡的感觉。伯希和初步列出清单后，更加坚定了自己的判断。他精通古汉语，这是他胜过捷足先登者的决定性因素。他虽不是第一个考察千佛洞的人，却是到那时为止唯一一个读懂千佛洞文字的外国人。正如他在写给埃米尔·塞纳尔的信中所说：

> 我认为，我大概可以为一大批佛窟断代。几乎每个洞窟都由一个家族前后几代人传承维护，或归于一个类似宗教社团的组织集体管理。在施主（梵文为 danapati）名字旁边，还有对窟主更详细的记述。因此，如果题记中提到的人物足够有名，我们就可以由此精确地推断出壁画的年代。其中一个洞窟的主要出资人是一个叫做议金（姓氏已丢失）的人，此人当过统辖敦煌、哈密、吐鲁番、金满（靠近吉木萨尔）和楼兰（位于罗布泊以南）的地方首领。通过对比该洞窟的文字，可以确定这个人物的姓氏，他就是曹议金，一个在中国历史上建立过地方政权的人物。10 世纪初，曹氏取代张氏，在敦煌确立统治地位。还是通过壁上的文字，我们了解到曹议金的一个外甥女是

> 北方回鹘圣天可汗的小女儿。同时我们可以判定，洞窟墙壁上的装饰属于10世纪前二十五年的作品，此外还发现了体现敦煌汉族人和回鹘人关系的信息。这些洞窟一再向我们显示，甘州汉族人和回鹘人相互通婚，于阗统治贵族也和汉族人通婚，于阗统治者还因此获得了意想不到的封号。依然是通过释文，我们了解到一位于阗国王的女儿嫁给了曹议金的孙子、第二代继承者曹延禄。诸多信息都很确凿，因为曹延禄和父亲曹元忠及祖父曹议金都是我们熟知的中国历史人物。然而，墙壁上所有文字都未提及吐蕃。个别石碑虽提到拉萨的赞普（8世纪末在敦煌实施统治），但施主们似乎并不喜欢强调对西藏将近一个世纪的依附时期。[10]

塞纳尔应该感到高兴，因为他希望伯希和考察队有“独到的发现”，而伯希和的来信正好为他提供了说辞。诚然，敦煌是伯希和从法国出发前就希望考察的地点之一，虽然他当时对敦煌藏经洞还一无所知。邦宁1899年到过敦煌，但停留时间很短。另外，他也不比斯坦因强，因为他们两人都不是汉学家。只有像伯希和这样的汉学家才有能力抄录和利用题记、涂鸦来增加对敦煌古迹的了解。在敦煌，几乎所有书写用的都是汉文，这一文字占据绝对统治地位。伯希和证实了这一情况：

> 也有藏文、回鹘文、用常用字母书写的蒙文和一点婆

> 罗米文，但这些附带性的题记只记录了诸如村民在洞中烧香拜佛的经历，参考价值很小。所有重要内容都是用汉文写的。[11]

我们可以料想到，斯坦因返回欧洲后可以随心所欲地信口开河，尽管他什么都没看懂，因为只有写这些文字的作者知道自己在说什么！ 2月底，伯希和再次研究了第一组洞窟。1号洞窟在1814年用现代工艺翻修过。墙壁上的图案已残破不堪，但仍可看到顶部的佛和菩萨。女供养人的题字在洞口上方。6号洞窟的壁画保存完好，造像也基本完整。我们还可以看到男女供养人的面部画像，他们的生平已经和敦煌石窟的历史融为一体。8号洞窟顶部绘有上千佛像，廊道内立着很多菩萨整身造像。9号洞窟里挂着很多藏式还愿牌。10号洞窟内有一个石座，上面树着一方黑色大理石碑。15号洞窟内有严重的烟熏痕迹，壁上覆盖着炭黑，以前是用木炭取暖做饭的地方。伯希和进入16号洞窟，在本子上潦草地记录道：

> 洞窟风格普通，内有一尊大型坐佛，雕刻于洪积层悬崖上，表面涂有柴泥。洞内装饰和佛像均年代久远，不像南边洞窟中与之类似的造像那样，修葺后十分丑陋。壁上绘有两个菩萨，尺寸较大，高度大致相当于佛像一半。入洞廊道左壁用新近的支柱支撑着，供养人画像和题记后面可能还有支柱。廊道右壁上有女供养人画像残片和浮雕题

记，我辨认出了几个汉字。

廊道两侧高处各有一个大型壁龛，内有佛像。可惜我没有梯子，没办法爬上去，况且这些佛像看起来似乎也没有什么价值。大型佛像左手平放于膝盖上，掌心朝下；右手抬起，手指张开，掌心朝前，与北边洞窟内大型佛像的手势不同。我在洞口左边墙壁上发现了主要供养人的题记浮雕，尚可辨认出几个字。可能还有其他题记，应该试着找找。[12]

这些生动的记载是紧锣密鼓的考察工作的成果。千佛洞石窟数量众多，内容极其丰富，考察工作容不得半点拖沓。另外，并非所有洞窟都值得研究，例如伯希和对17号洞窟只写了寥寥几笔："洞很小，没什么意思。"还有16号石窟："洞很小，常见的风格，没什么。"以及160号洞窟："洞很小，古代风格。"而163号洞窟却激起了伯希和的兴趣：

这是藏有经卷的洞窟，1900年重修。

廊道右边是藏有书卷、带有小型藏文铭文和指示牌（有必要拍照）的洞窟。藏文铭文是那些读过藏文写本的人（如蒙古王子）留下的。

廊道左边是记载1900年重修和发现写本及铜造像的现代木碑，还有一座851年的碑，两碑都镶在墙里。

洞窟中的造像整修过，肚脐里嵌有小块玻璃。另外还有五尊木质古代造像，应该想办法获得。

地面以上有两层：

第一层是刚刚粉刷过的七佛造像……

第二层是一些近期的佛造像。

大型菩萨造像廊道：唯一雕有千佛的洞窟。佛像面部呈紫褐色，背景为绿色，工艺精湛，属于常见风格所属时代末期作品。[13]

可惜藏经洞上了锁。一名僧人诚惶诚恐地向伯希和解释说，发现藏经洞的王道士受甘肃兰州官府委托担当看守人，但他现在不在。这样的话，自然也就进不去了。王道士去哪了？也许在敦煌。伯希和只好返回敦煌，在那里找到了王道士。他是一个身材矮小的汉人，穿着道袍，头上戴着一顶道冠，下巴上留着小胡子，笑容可掬，模样谦恭。他对伯希和说，是神灵托梦给他，他才发现了藏经洞。实际上，藏经洞1900年被发现纯属偶然。

当初，王圆箓主动承担起修缮通向佛造像和施主画像的廊道的任务。他在一座封在墙里的石碑后面发现藏经洞，还发现里面的写本、彩绘、素描、幡旗和一批小型铜造像。很多卷子被当做礼物送给甘肃官员。一些朝圣的蒙古人前来查阅大部头藏文写本。后来兰州官府得知这一消息，但发现洞窟中既没有黄金也没有白银时，很快便对藏经洞失去了兴趣。

就这样，王道士一个人守护着藏经洞。他告诉伯希和，斯

看守藏经洞的王道士。敦煌，1908 年 2 月。

坦因在洞中考察过三天，买走一批写本。

> 王道士还说，我们的英国同行付给他一笔钱，数量可观。他的目的是让我们付更多的钱。我听明白了他的意思，暗自思忖用什么手段对付他。[14]

“手段”，这个词用得很好。马莱布[1]说过，钱是一种奇特的手段。伯希和只有付完钱才有权进入藏经洞进行挑选，但也只能拿出有限的几个卷子，以免吓到看守藏经洞的王道士。

藏经洞的钥匙不在敦煌，而在千佛洞。于是伯希和陪着王道士返回千佛洞：

> 我们最终拿到了钥匙。3月3日“忏悔礼拜二”这天，我进入神圣之所。我惊呆了！八年前，藏经洞的书卷开始外流，我以为藏书数量已大大减少。您能想象吗，当我进入二点五米见方的洞中，发现里面三面墙上都堆满一人多高的书卷，每面墙都有两三层卷子。大量藏文写本夹在两块木板之间，用绳子捆着，堆放在一个角落里。其他书捆里也隐约可以看到一些汉文和藏文文字。[15]

这是激动人心的一刻。伯希和好像是侦探，又好像是盗

1 马莱布（François de Malherbe，1555—1628），法国文艺复兴时期诗人。

贼，全神贯注地观察着这个藏经洞。

藏经洞壁画属于常见风格，但看起来更古老，应该没有经过修缮……菩萨造像一直排到藏经洞门口。可以推断，写本藏入洞后不久，洞窟就进行了一次修缮。还可以推断，为了使藏经洞不易被人发现，这次修缮的目的正是要掩盖藏经洞。只是当时时间仓促，人们不会有兴趣对整个洞窟进行修缮。还有另一种可能性，纯属我个人观点：11 世纪初，僧侣们偶然发现菩萨像后面有一个洞穴，遂将它用作藏经洞，并试图加以掩盖，所以才在上面重新做了一遍修饰。

我很快做出决定，至少要对藏经洞进行一次粗略考察，这项工作将为我指明方向。要逐个展开藏经洞中一万五千至两万册藏卷，我没有时间进行过多思考，否则六个月也看不完。但我至少要把所有卷轴都打开一遍，辨认每个卷子的性质，看看是否有新发现。第二步要把卷子分为两类，一类是精华部分，需要不惜一切代价拿到手；另一类也要努力争取，但必要时可以舍弃。尽管我很努力，这项工作还是花了我三个多星期时间。头十天里，我每天翻看将近一千册卷子，这肯定创下了纪录，因为平均每小时要在洞里翻阅一百册卷子，那是文献学家在用开车的速度翻看写卷。后来，我放慢了速度。开始时我有点疲劳，书捆里的灰尘让我喉咙很难受。接下来，我开始和王

伯希和在藏经洞。敦煌，1908 年 2—3 月。

> 道士讨价还价，我想尽快谈妥，避免耽误更多时间……不仅对一册卷子是如此，对一页破纸也应如此，因为只有上帝才知道这堆破纸片有什么价值。只要未经过我的手，就不能排除里面有我需要的东西的可能性。[16]

尽管工作条件恶劣，伯希和还是注意到，完成于11世纪初的西夏语写本中出现的最晚年号属于宋朝初期，即10世纪末。他还发现，西夏人1035年占领了敦煌，但藏经洞书卷中没有关于西夏的记录。[1] 伯希和由此推断，藏经洞可能是在西夏入侵前封上的。

> 汉文和藏文文书、绢画、帷幔、铜造像和851年雕刻的大石碑毫无秩序地堆放在一起。也许有人认为，成捆卷子四处散落是因为当地即将遭到入侵，人们都很恐慌，但我觉得更应该从中看到当时中原文明在敦煌地区的衰落。

伯希和花了三个星期时间，凭借蜡烛的微光在洞穴中翻阅书卷。这些书卷反映了公元后第一个千年后半期汉、藏、回鹘、粟特文化在中原门户之地敦煌相互交融的情景。

1　西夏，说藏缅语。1908年俄国地理学家科兹洛夫在黑城的遗址中发现了大量西夏语文献。

> 藏经洞中藏文卷子比婆罗米文和回鹘文多。我把它们全部放在一边，一共有近五百公斤写本，可以上溯到藏传佛教诞生后最初的四个世纪，但我担心无法获得所有这些卷子。一名叫做柴达木的蒙古王公好像每年都来千佛洞，养成了在那里看“夹板”（夹在两块板子中间的经文，汉文称之为“书”）的习惯，王道士不敢惹他生气。

伯希和还是获得了数量可观的藏文写本，包括一部8—10世纪期间用墨在纸张上书写的西藏史。书中提到玄奘路过此地后不久，吐蕃人便在当地建立起统治，势力范围从甘肃一直延伸到于阗。在一个世纪里，敦煌处于吐蕃人统治下。文中还提到赤松德赞（755—796）统治时期。他在位期间，吐蕃军队于670年在大非川战胜汉人军队。

> 法令畅通，国土广袤……民智普开……皆受佛法，寺庙广布……佛法确立，散播怜悯，超越生死。
>
> 众生普度。[17]

以上文字是美化当权者的宣传。实际上，吐蕃人是可怕的入侵者，在敦煌留下的并非只有美好的历史记忆，这段记载明显带有宣传和美化色彩。在同一时期，吐蕃人还入侵了克什米尔，也给当地民众带来了恐怖。历史学家卡尔哈纳（Kalhana）在《王河》（*Rajatarangini*）中对此有所记载。848年，人民起义推翻了吐蕃人统治。敦煌藏经洞中的藏文文书不仅涉及政治和军事，还有私人和宗教内容。

例如，一个贩卖“小羊皮长袍”的吐蕃商贩在去往喀布尔途中经过此地，留下了对雷神大力明王和佛祖侍者金刚手菩萨的祈求。

> “我向世尊圣者祈求。玛哈嘎拉！玛哈嘎拉！金刚杵！‘嘎拉’表示你已显灵！你浑身红亮，头戴花环，红发冲冠。你有三眼四手，表情愤怒，牙齿咯咯作响。你的能量占据了大火花围成的整个曼荼罗！双蛇有千头，空中升起的布条全化成了蛇。
>
> 双蛇张开大口，外衣盖住虎皮。愤怒之神！祈求由你来平息愤怒！……你是尊贵之神，金刚杵的主人。”[18]

还有一份完成于10世纪、用墨和纸张书写的回鹘王公祷文，当时回鹘人正统治该地区。一位库车王子在祷文中提到“十方佛”，尤其是向“至尊佛”和“中心佛”祈求帮助和保护。丝绸之路虽设有汉人和库车人的哨卡，但仍然充满危险：土匪洗劫了不少过客，其中包括玄奘；塔克拉玛干的暴风雨差点击退斯文·赫定；吕推在托木布多村被村民打死。伯希和上次离开千佛洞前往敦煌时心情焦躁不安，现在又回来了，心情终于放松下来。伯希和在藏经洞里发现一张写于9世纪的希伯来文单页，这让他惊愕不已。这张纸的作者是一个来自伊朗的犹太人，纸是折着的，也许他当时把纸带在了身上。纸上的文字主要是《先知》和《诗篇》的部分段落，目的是祈求神灵的宽恕和恩赐。

> ……洗清我们的罪孽吧！哪个神灵能如你般铲除罪恶？……请勿忽视我们的赞颂之词，请原谅众生的不端，聚集起你的信众，洗清犹大的过错，授予你的信众旌旗，耶路撒冷的创建者！……[19]

粟特即今天的乌兹别克斯坦，当地使用的语言称为粟特语。供养人用这种语言书写了《观自在菩萨一百八名经》，旨在祈求菩萨保佑其本人及全家，题记中提到了所有四十一人的名字。

> 若有受持诵读此观自在菩萨一百八名秘密明者，当知是人世世生生，恒得睹见圣观自在。若恒受持，得大富贵，获得聪明，获得勇猛，获得端严，获得妙声，获得辩才，获得恒知一切法义入曼拏罗。凡有所祈，一切真言悉地成就。早晨课念，永无病苦疥癞气疾，临命终时往生西方极乐世界。[20]

在恐惧和匆忙之中藏起来的书卷和纸页在洞里堆放了九百年。最初，藏经洞塞得满满的。伯希和在书卷中占据的狭小空间正是斯坦因留下的空隙。伯希和亲自翻阅的不仅有写本，还有数量众多的彩绘和画稿。一大幅用墨、金和彩色绘制成的画引起了伯希和的注意。一位9世纪的画匠在上面描绘了千佛洞当年的场景[21]：一名僧侣背着大背篓，里面放着书。背篓很重，僧人弯着腰，手里牢牢地握着禅杖。他用力向前走着，脸上露出吃力的表情，眼光中却闪烁着强烈的渴望。道路艰辛，从印度一路走来需要穿越沙漠和戈壁。一只老虎陪伴着他，保护他前行。他头顶上升起一小股烟，化作祥云，上面坐着佛祖。他手拿大串佛珠和禅杖，浑身上下配备了所有朝圣者应有的行头：钵、拂尘、手提香炉和帆旗。这是一幅描绘北印度传法僧来中国的画像，敦煌是他们必经之路。这幅画很典型。

还有一幅画，描绘的是文殊菩萨。画中的菩萨也有一头狮子为伴，那是他的坐骑。这幅画用的是彩墨和丝帛，可能是11世纪初的作品，当时敦煌正处于吐蕃统治下。真正对文殊菩萨的崇拜始于12世纪。在这幅画里，文殊菩萨的外貌特征看上去像个汉人。文殊菩萨是佛祖的助手，被认为是佛教中的首位菩萨，一位用“温柔的声音”感化众生的布道者。他的表情与背书僧人不同，没有咬紧牙关，也毫不费力，而是一幅传播《般若经》的“法王子”形象。他已超越生死，可以与世同存，拯救所有生灵[22]。文殊菩萨体察人间疾苦，心存救世善念，是藏经洞里涉及的一个重要佛教形象。洞中藏有文殊菩萨多幅画像，其中一部分已被斯坦因拿走。翻阅这些书卷不仅是一项考察研究，更是参与了一场佛教仪式，一次曼荼罗。除了骑着狮子的文殊菩萨，还有比这幅画早一个世纪、绘于丝帛上、骑着大象的普贤菩萨。普贤菩萨也是佛教中的重要形象，致力于普度众生[23]。对芸芸众生而言，满足怎样的条件，超越怎样的境界，才能实现自我救赎？一幅 9 世纪的帛画提供了某种答案。画上有七个幼儿，站在蓝色或紫色莲花花瓣上，莲花露出水面。幼儿代表重生的灵魂，等待他们的命运却不尽相同，包括三个等级：

> 完成佛教所有功德的人归入第一等级：受到阿弥陀佛（即无量光佛）以及两名随从的欢迎，入金刚石座，即刻成佛。
>
> 深刻理解教义的人归入第二等级：受到同样欢迎，在金红花宝座上重生，花瓣一夜之内绽开。其身体化为同样颜色，讲道之声清晰可闻。七天后，他将获得无上正等正觉（阿耨多罗三藐三菩提）。
>
> 向往智慧的虔诚信徒死后归入第三等级：一、阿弥陀佛授其金莲花，他被金莲花包裹后在七宝池中重生。莲花在一天一夜之内绽开。七天后，他能够看到佛祖，听到佛法。聆听三大阿僧祇劫佛法之后，他达到菩萨初地。
>
> 二、未曾触犯佛法、恪尽孝道的信徒将在极乐世界里坐在第四至第六等级的莲花上重生。最优者即成罗汉，余者须等待数日，莲花发芽后方可听到观音菩萨和大势至菩萨的佛法。

> 三、罪人，即使是犯过重罪的人，也可以在七宝池中获得救赎和重生，这是第三类中的最后三等。根据罪孽程度，莲花七周后才会发芽，有的甚至要等六大阿僧祇劫，甚至十二大阿僧祇劫，才能听到两位菩萨引导其通过两种途径获得开化。[24]

汉人将观音菩萨称为“观音”。他是大乘佛教中的至上圣贤，用怜悯的眼光看待众生，只有高等级信徒才能听到他的佛法。敦煌藏经洞里到处都有关于他的资料。一尊10世纪初的木质柴泥观音菩萨小造像有八个手臂，象征着神性；另一尊同时期的观音菩萨造像有十一面；还有一幅关于他的帛画，上面有千手、千眼；一册粟特语写本颂扬他的一百零八个化身。敦煌和远东其他地区都崇拜观音，甚至到了吴哥，观音像还无数次出现在巴戎寺佛塔上。伯希和通过千佛洞已经叩开进入中国的大门。1908年2、3月间他到访过的藏经洞可以毫无争议地称为藏匿中华文化的秘密之所。除了汉文、粟特文和梵文外，伯希和对其他文字并不太了解。他向同伴瓦扬医生解释说，这样的话只能根据书卷外观进行判断。这只是小小的遗憾，因为藏经洞中大部分书卷都是汉文的。其中除宗教典籍外，还有历史、地理、文学、古典音乐文献，以及写在普通经书背面的各种笔记、账本、记录等。伯希和发现一封很有意思的信，是963年于阗王写给沙州刺史的。

这封信上有国王的签字和玉玺印，还有王子的小印，内容

藏经洞的观音塑像，9—10 世纪（泥、木）。

是建议两个政权同时在于阗进行统治。这种统治模式好像确实存在过，用以应对穆斯林对于阗的威胁。当时穆斯林已经占领喀什，于阗四十年后也被穆斯林化，但当时还在极力通过书信和友好姿态加强与沙州和中国其他地区的联盟关系。

> 白玉壹团。
>
> 赐沙州节度使男令公，
>
> 汝宜收领，勿怪轻鲜，候大般次，别有信物汝知。其木匠杨君子千万发遣西来，所要不昔（惜）也。凡书信去，请看二印，一大玉印，一小玉印，更无别印也。

大、小印均有刻字。国王的大印上刻有“通天万寿之印”，王子的小印上刻有“大于阗汉天子敕印”。[25]

尽管斯坦因已经带走一大批书卷，伯希和的发现仍堪称奇迹。他在敦煌的发现揭开了丝绸之路的历史记忆，因此比在库车的发现更有意义。

> 藏经洞中大部分是常见的汉传佛教典籍。我们发现大批鸠摩罗什、玄奘和义净的译著，虽不完整，但有许多册，如《正法华经》、《大般涅槃经》，特别是近六百卷的《大般若波罗密多经》。这些典籍篇幅都很长，我看到太多次须菩提这个名字，简直让人难以忍受。这一次有可能得到一批比手头掌握的文献更早的写本……所以必须将它

们全部带走，否则就要精心挑选。

艰难的选择，这正是在敦煌藏经洞里用开车速度工作的文献学家面对的难题。他当然会就此制定合理目标，因为自从离开乌什—买拉万的喀什后，玄奘的《大唐西域记》就一直指引着他。他和帝国的元帅们一样，能够处理好一切，因为他不仅有才学，运气也不错。

> 在这些佛教文献中，我最希望找到关于朝圣者的记述。他们当中最有名的是玄奘。刚开始时，我发现一块残片，价值不高，但上面写着玄奘的名字……还有一段笔记记录了玄奘在西安府附近寺庙斋戒的情景。一张破碎的纸片上列举了中亚地区国家名称，可能是受到了玄奘的启发。关于《大唐西域记》，我只找到第二章中描写犍陀罗国的部分。[26]

伯希和发现的纸墨写本是用汉文写成的。664 年，玄奘辞世，该写本完成于此后几十年的 8 世纪。玄奘经过吐鲁番、撒马尔罕和缚喝（Balkh）后，在梵衍那国（巴米扬）做休整。当时，那里的摩崖石窟和相邻的河谷中住着大众部佛教说出世部的僧侣。随后，玄奘继续向印度前进，途经迦毕试国（在今喀布尔附近的贝格拉姆，卡比萨省因此得名），在那里发现了满满一坛金币。《大唐西域记》第二卷（或第二章）始于其进入滥波国（Laghman），当时该国依附于迦毕试国。玄奘在那里拜访了一些寺院，寺院里的寄宿膳者和巴米扬一样都信奉大乘佛教。之后玄奘进入那揭罗曷国，即今天的楠格哈尔河谷（vallée du Ningrahar），从兴都库什山脉一直延伸至开伯尔山口阿富汗一侧的沙费德岭（Koh-e Safi）。那揭罗曷国和滥波国都是迦毕试国的附庸国。玄奘造访的首都地点与哈达遗迹吻合，位于现在的贾拉拉巴德市边缘。

玄奘在那里了解到蛇精和佛祖的传说，这个故事在当地颇为流行。佛祖还未脱离凡世时，蛇精的主要任务是用奶水喂养国王。国王严厉斥责蛇精不够尽职尽责，于是蛇精变得血腥、残酷起来。这时，佛祖从印度中部赶来，决定用自己的神力拯救那揭罗曷国民众。蛇精见此情景，决定痛改前非，但作为交换条件，要求佛祖永远和它在一起。佛祖回答说自己将要涅槃，但在洞穴壁上留下了自己的影子。以后每当蛇精再产生邪念，只要看看墙上的影子就可以了。

佛祖留在墙上的影子已经逐渐淡化，但玄奘还是仔细观察了一番，然后穿过开伯尔山口。外面就是犍陀罗国了，那里的首都是布路沙布逻（即现在的白沙瓦）。玄奘称此地“谷稼殷盛，花果繁茂，多甘蔗”。现在看来，这样的描述依然贴切。犍陀罗国、那揭罗曷国及滥波国都是迦毕试国的附庸国。18—19世纪，喀布尔王国的统治范围覆盖整个印度河流域，这一带再次处于附属地位。玄奘到达时，犍陀罗国已经存在了四百年，建国者是迦腻色迦皇帝，国土从阿姆河一直到恒河流域。迦腻色迦的祖先大月氏人从敦煌北边的阿尔金山来到这里，于公元前2世纪中叶结束了最后一个希腊巴克特里亚国（即大夏）的统治。迦腻色迦皇帝还把佛教定为国教，驱逐了新疆的汉人军队，并向那里派遣了第一批僧侣。

玄奘在《大唐西域记》第二卷中描述的经历是对佛教的一次追根溯源，也是对佛教圣土的一次膜拜。他听说的传说故事把迦腻色迦和佛祖紧密联系在一起。他认真记录下其中一个关于迦腻色迦皈依经过的传说。迦腻色迦在位初期，对佛祖传授的正途不屑一顾。有一天，他前去狩猎，追赶一只白兔，兔子跑进树林里不见了。他发现一个牧人正在修建一座仅有三尺高的小佛塔。牧人告诉他，佛祖曾经预言，一个国王将在这里建一座佛塔。话音一落，牧人就神奇地消失了。迦腻色迦很高兴得知佛祖在预言中提到他，于是决定建一座石佛塔，高度要超过那座小塔。可是他的佛塔建得越高，小塔也随之增高，总比他的塔高出三尺。迦腻色迦很恼火，一口气建了一座四百尺高的佛塔，顶上还加盖带有二十五个铜盘的穹顶，用以供奉佛祖舍利。但这一次，小塔又比这座塔高出一半。迦腻色迦发现自己无法超越神力，只得谦逊地皈依佛法正途。

除《大唐西域记》外，伯希和还发现了《往五天竺国传》，该书作者慧超在8世纪经南海前往印度求法，后从印度东北部经敦煌返回。此外，还有老子的《道德经义疏》第五章、《老子西升化胡经》第一至十章。13世纪蒙哥汗下令烧毁《老子西升化胡经》，但伯希和最终还是收齐了这部经典。

伯希和在写给埃米尔·塞纳尔的信中总结道："在我看来，这些写本为汉学研究带来两个新发现。首先，汉文写本是我们现有资料里的一项空缺。第二，从某种意义上讲，我们可以首次利用文献进行工作了。我的意思是，此前的研究始终受制于已有成果……我们从未掌握原始、独立的文献。"

第九章　巴黎

“哦，连罗贝尔·马盖尔都成汉学家喽。”

1908 年 10 月，伯希和及同伴离开巴黎二十八个月后抵达北京。丁大厨终于和家人团聚，努埃特和瓦扬直接返回法国，而伯希和还要在中国的京城待上一阵子。在京期间，伯希和有意将自己的一部分发现展示给中国学者，他们也许会感兴趣。哪些发现呢？喀什、图木舒克、柏孜克里克还是敦煌？如果全都展示，就有必要举办一次展览了，可能要放满紫禁城里好几个大殿。伯希和没有举办展览。即使清廷不禁止文物外流，这些文物就能顺利运出中国吗？外国使馆享有治外法权，所在地区戒备森严，外交邮袋也包裹严密，然而北京已经不存在有效统治。11 月 14 日清晨，一辈子受慈禧操控的光绪帝与病魔抗争一年后终于驾崩。慈禧自封太皇太后，但当天中午便昏厥过去。第二天，也就是 11 月 15 日三点，慈禧“面朝南，结束了充满野心和罪恶的漫长一生”。[1]

这是一个时代的终结。大清帝国也已经在苟延残喘。年幼的溥仪继承皇位。溥仪年仅两岁半，实际权力由驾崩的光绪帝之弟醇亲王和遗孀隆裕皇太后共同把持。

溥仪是中国末代皇帝。未来的中华民国总统孙中山在河内获得法国人庇护。此时，他已经叩响中国的大门，在中国南部先后发起和组织了六次起义。

孙中山在法国军官陪同下，以“私人旅游”的名义从东京出发返回中国。他的支持者利用政府统治乏力、军队混乱的局面，煽动农民长期以来对清朝统治者的不满情绪，在云南、广东、广西等地不断发动起义。在印度支那，孙中山在政治和经济上获得法国扩张派支持，这些狂热分子梦想将中国南部并入法兰西殖民帝国版图。可惜孙中山的起义均以失败告终，法国被迫于 1908 年将其驱逐出东京。这只是短暂的挫折，中国人已不再拥护皇权，他们要求举行选举，组建议会。

在全球范围，封建帝国在殖民时期逐渐衰亡。1907 年 7 月 19 日，朝鲜皇帝在日本逼迫下退位。几天以后，日本统监府接管朝鲜。两个月后的 9 月 4 日，伯希和在顺化见过的越南成泰帝被迫退位。由于成泰帝不愿受法国人摆布，法国人宣布他“精神失常，企图杀人”。在流亡到交趾支那头顿之际，成泰帝道出了绝望的心声：

> 朕德浅才疏，仍守大业十九载。国家被占后政体渐入膏肓，皇权已无法继续。同意法国总督建议，由五皇子继位，以求残喘生息。[2]

次日，即 9 月 5 日，成泰帝被年仅八岁的维新帝取代。成泰帝遭废黜后沦为阶下囚，饱受迫害，还被诬蔑为“精神失常”……法国人采取如此残酷无情的统治，也许是因为东京局势又出现动荡的缘故。加列尼元帅巩固了当地局势，但十年后越南又爆发抵抗运动。在乡间，法国平民和士兵成为攻击对象。1908 年 6 月 27 日，一支由当地人组成的突击队企图夺取河内守城堡垒，战事爆发。起义在最后一刻失败，但还是让法国人吃惊不已。在巴黎，拥护殖民政策的喉舌《殖民报》报道称：“越南并非像印度支那联邦创建者（保罗 · 杜美）想象的那样完全归顺，叛乱四处爆发。”[3]

如果殖民地人民没像成泰帝那般亦真亦假地患上精神失常的话，又该如何解释他们的不满情绪和发起的动乱呢？媒体上有一种意见认为，这是某些殖民者肆意妄为的后果。月刊《土著杂志》是维护殖民地和保护国当地民众利益的刊物，发表过一篇很醒目的文章《非洲象问题》：“贩卖劳动力并强迫他们从事农、林等季节性劳动，导致当地人口大量死亡和劳动力贬值。这种做法应尽快全面取缔，代之以牲畜，如大象、牛、驴、骡子。”[4] 应该对剥削殖民地无产者的行为规定一些限制，最典型的对象就是那些苦力。此外还应该避免浪费。“法国人蜂拥前往东京，像要来抢夺‘金羊毛’[1]一样。”《殖民报》这样报道。然而这份报纸反对的并不完全是殖民主义。社论还写道：“（法国）公职人员是印度支那殖民地的开垦者……要想平复安南人心，就应该减轻当地民众负担……但财政开支只够勉强维持公职人员队伍运转，因此不得不提高赋税。”[5]

公职人员成了开垦者，这个观点并不新奇，但含义丰富，因为保罗·杜美政府在几年内四处伸出触角。尽管伯希和以及法国远东学院的同事都是领取政府工资的公职人员，但他对这一切并不感兴趣，他的关注点显然在别处。伯希和的导师沙畹最近一次考察情况远比公职人员队伍是否过于庞大更让他着迷。法国远东学院构成一个精英小圈子，困扰殖民地总督的问题和这些人无关，科学进步和知识发展才是他们所关心的。沙畹刚刚完成一次成果丰硕的旅行。1907 年 3 月，他从巴黎出发，4 月 23 日到沈阳，然后沿鸭绿江而下，5 月底抵达北京。他又从北京前往天津和济南府，游览了大明湖和千佛山，即另一处千佛洞。千佛山上有很多隋朝碑刻。沙畹一路乘坐手推车、马车和火车到达汉口，8 月底抵达西安府，然后在蒲城考察了唐睿宗和唐玄宗陵墓。他一路上拍了很多照片，做了很多拓片和记录，带回不少珍贵文物，充实了远东学院刚在河内设立的博物馆馆藏。沙畹是汉学界大名鼎鼎的人物，金石与美

1 希腊神话中将金羊毛看作稀世珍宝，不仅象征着财富，还象征着冒险和不屈不挠的意志，以及理想和对幸福的追求，许多英雄和君王都想得到。

文学院、法兰西学院和地理学会都对他推崇备至。1907年底，亨利·奥龙（Henri d'Ollone）上尉结束中国南部考察任务返回法国。他在经过彝族地区时获得一批拓片和文献，相关翻译工作自然也会交给沙畹来完成。

法国人对娄娄族不甚了解，只知道这个民族“要么屈从于汉人，要么受法国人统治”。《时报》上发表的文章说：

> 罗罗族（按：即彝族）分两大阶级：贵族和农奴。贵族数量不多，汉人把他们叫做“黑人”或“黑骨头”，原因不详。只有他们有如此奇特的称谓，和旅行家描述的美洲红种人类似。他们都是战士，平时骑马狩猎，拉弓射箭，舞刀弄枪，操练武艺，训练时和农奴一样刻苦，但对农奴有绝对统治权。罗罗族人只占农奴的一部分，可能是战败的俘虏，此外主要是被俘或被劫持的汉人。农奴被唤以族姓，不会受到虐待，甚至可以参与重要活动，但绝不可超出自己的活动范围，试图逃跑的汉人将被处死……贵族和农奴分为很多部落，相互之间经常处于战争状态，由此也可以看出罗罗族逐渐衰落直至被汉人打败的原因。[6]

沙畹、奥龙，现在轮到伯希和，这些名字都登上了法国各大报纸头版。

伯希和考察队的战利品从北京运往法国。到达巴黎后，雕塑和浮雕运往卢浮宫，卷子和写本运往位于黎塞留大街的国家图书馆，堆放在朝向维维安大街的杂物间里。不同寻常之处在于，伯希和是唯一掌管杂物间钥匙的人。

伯希和在河内和北京两地多停留了一年，为法国远东学院获得了三千多册书籍。回到法国后，他像英雄般受到媒体和知识界热烈欢迎。11 月 27 日，全国性重要周刊《画报》（*L'Illustration*）杂志对伯希和的工作给予高度评价。在刊登的照片里，伯希和留着小胡子，头戴软边帽，端坐在瓦扬和努埃特中间。瓦扬头戴鸭舌帽，留着长长的黑胡子；努埃特头戴波兰式军帽，也留着大胡子。12 月 10 日，伯希和出席索邦大学全校大会，向包括塞纳尔在内满满一会议厅的教授和院士汇报考察工作。12 月 15、16 日，《巴黎回声报》（*L'écho de Paris*）首先独家刊登他的考察笔记，还把他推举为“当日英雄”。1910 年 2 月 25 日，法兰西金石与美文学院向他颁发优斯特奖（prix de Joëst）和两千法郎奖金，奖励他在该年度做出的重大发现。一周后，卢浮宫设立伯希和展厅，专门向公众展出他在图木舒克和库车的部分考古发现。《画报》用了整整三个版面来介绍伯希和考察队的经历。自此，伯希和变成了名人，受到各大沙龙的争相追捧。他的个人经历堪称学者和实干家的完美结合。伯希和时年三十一岁，女士们觉得他英俊潇洒，举止优雅，谈吐幽默风趣。再没有什么人或事能抵挡住他。然而，巴黎也许比塔克拉玛干沙漠更充满危险。

在“亚洲法国人协会”（Association des Français d'Asie）举办的一次晚宴上发生了一件事，最初看起来只是一段小插曲。一个名叫让·阿贾贝尔（Jean Ajalbert）的人当着伯希和的面把法国远东学院讽刺为“滑稽学校”。在这个人看来，远东学院不太关心安南人，而对印度人和中国人更感兴趣，所从事的学术研究和考察活动都很能说明这一问题。伯希和一贯充满激情，立刻对恶意中伤者予以回击：“阿贾贝尔先生，您知道吗，要想理解安南和安南人，必须了解中国，学习汉语！”伯希和的反驳似乎很有力，因为即使在11月11日，印度支那总督安东尼·克洛布科夫斯基（Antony Klobukowsky）面对印度支那高等委员会时，也没有搬出更好的理由：

> 印度支那是印度文明和中华文明在亚洲碰撞、交融的地点，远东大陆和岛屿上的不同民族在那里相互融合，产生一个奇妙的混合体。可以说，在这样的混合体中没有什么是起源于印度支那的。因此，不追溯周边国家的语言、书写方式、文学、艺术、宗教和文明，就无法展开严肃的研究。印度支那人分布在安南山脉两侧，仅限于考古挖掘的研究方式只能肤浅地揭开印度支那复杂历史和人种演变进程的冰山一角。[7]

伯希和已经进入对手的攻击范围，却还在极力希望法国远东学院免受攻击。克洛布科夫斯基在讲话中不是还提到远东学院将继续完成杜美赋予的使命吗？阿贾贝尔先生，请听好，是“远东学院”，而不是“滑稽学校”！这段插曲就此告一段落了吗？看起来好像没有……让 · 阿贾贝尔，四十六岁，支持维护无政府主义，坚决反对极右翼代表人物莱昂 · 都德（Léon Daudet）和莫里斯 · 巴雷斯（Maurice Barrès）。他是激昂的德雷福斯派[1]，左拉发表《我控诉》（J'accuse）后即表示支持。他是小说家、诗人和艺术评论家，支持纳比（Nabis）、修拉（Seurat）和雷诺阿（Renoir）。此外，他还是游记作家，1905年以来多次游历远东，继1906年发表《危险中的印度支那》（*L'Indochine en danger*）之后，还刚发表了《印度支那的命运——游历、历史、殖民化》（*Les destinées de l'Indochine, voyages, histoire, colonisation*）[8]。他在《晨报》（*Le Matin*）上发表文章，主张法国殖民者学习殖民地语言，以便于殖民统治。他积极参与关于印度支那的讨论，对所谓的"滑稽学校"法国远东学院毫不留情。通过下文我们将理解他为什么持如此立场。阿贾贝尔还是个可怕的论战高手，甚至不惜与对手进行决斗。例如1898年，他曾和维尔沃特（Vervoort）互殴。

说者有意，听者无心……挑战已经发出，可伯希和似乎没有意识到对方的意图。他离开巴黎时刚从学校毕业，哪懂什么权谋诡计之类的阴险手段，更弄不明白阿贾贝尔精心设下的圈套。

与之相关联的还有另一件事。1910年5月20日，亚洲学

1 1894年法国陆军参谋部犹太籍上尉军官德雷福斯被诬陷犯有叛国罪，被革职并处终身流放，法国右翼势力乘机掀起反犹浪潮。此后不久即真相大白，但法国政府坚持不愿承认错误，直至1906年德雷福斯才被判无罪。德雷福斯派多为左派知识分子，支持德雷福斯无罪。

会（Société asiastique）召开特别大会，埃米尔·塞纳尔主持会议。法国远东学院派出了以卡巴东、菲诺、阿坎（Hackin）及伯希和为代表的强大阵容，沙畹担任秘书长。刚开始时，会议以非常学术的方式进行着，因为这是学者的大会。然后，一个叫做费尔南·法让耐（Fernand Farjenel）的人抛出一个关于《段氏与三十七部会盟碑》（*Serment des 37 tribus Lolo*）的新译本。这本书于1907年由奥龙上尉一行带回法国，书中记载了937年大理国将军和罗罗族部落之间签署的盟约。该书此前已由沙畹译出，而法让耐提供的翻译版本却与沙畹的大相径庭。如果法让耐的版本准确可靠，沙畹将名声扫地，给世人留下笑柄，因为人们会认为他对中文一窍不通。棘手的罗罗族文献！应该说，法让耐并非汉学界新手。他是亚洲学会成员，能够读、写汉语，发表过数篇关于中国人崇古风俗和日常生活的文章，以及一部著作。但他是自学者，相关知识的积累主要来源于实践。他的名气与当时在汉学界大名鼎鼎的沙畹相比显得微不足道。亚洲学会自然不会接受法让耐的译本，还委婉地指责他“蓄意挑起争论”。沙畹则认为“讨论法让耐先生的观点没有任何科学价值”[9]。用中国人的话说，这叫“丢面子”。法让耐十分恼怒，肯定不会善罢甘休。他退出了亚洲学会，发誓要对自己受到的侮辱进行狠狠的报复。

接下来在媒体上挑起事端的却并非法让耐，而是阿贾贝尔。后者于7月17日至22日在《东京的未来》（*L' Avenir du Tonkin*）发表了一系列文章。《东京的未来》是一份在河内发行的新闻和分析类日报，上面也有关于时事的立场表态。该报刊登过“给瘾君子的建议”，号称每天吸食五十支鸦片的人可以通过“奥罗贝疗法”在三个星期内轻松戒掉毒瘾。阿贾贝尔正是在这样一份报纸上指责法国在印度支那的统治低效无能。他尤其将矛头对准法国行政、司法、教育系统各层次都需要借助翻译的现状。阿贾贝尔以自己在印度支那的调研为依据，认为“征服者和被征服者之间、外国人和当地人之间根本没有交流”。杜美委托法国远东学院推动安南、高棉和老挝研究，如果按照他的说法，远东学院岂不是一事无成？“法国远东学院什么都没提供！”他用一贯的论战腔调说道，还说：“诚然，‘滑稽学校’开授了梵文、藏文、日文课程，但那属于自娱自乐，他们从未讲授殖民地当地语言。”形势发展成这样，离决斗只差一步了。“印度支那需要完全不懂当地语言的政府公职人员和法官？然后再配备一批著名学者？不牺牲自己，根本动摇不了这些学者的权威……我们的征服至今仍停留在游历与认知[1]阶段……”应该起用新人，成立“印度支那法国学校”，取代现在的“远东滑稽学校”。

总部位于河内的法国远东学院选择不予回应。阿贾贝尔不是科学家，发表的观点仅代表个人。局面逐渐平息，但一个月后，第二波高潮又从上海挑起。综合新闻周刊《中国回声》每

1 《游历与认知》（*Excursions et Reconnaissances*）是法国殖民政府在印度支那发行的期刊。

周四出版发行，其中的“萨拜克专栏”拥有大批读者：“萨拜克先生，我在中国认识一个骑自行车的人，别人教他怎样下车，但忘了教他怎样上车。这个倒霉蛋弄到一辆很棒的自行车，却永远也骑不了。最后自行车锈坏了。这就是所谓的同情和救助吗？”法让耐在这份维护“法国远东利益”的刊物里发表了一系列攻击沙畹、伯希和及法国远东学院的文章。[10]

沙畹翻译过司马迁的《史记》。法让耐突然攻击沙畹的译文不忠于原文，对援引的原文未解其意，汉语水平不够，对汉语基本语法句法缺少必要的认识，重视词语构成形式而忽视词源词义！不仅如此，他还自以为是地罗列了沙畹翻译《史记》时犯的“错误”。随后，他开始指责“伯希和的方法”，认为这个学生和他老师一样差劲，还说伯希和请中国文人帮他翻译。最后，他转而攻击伯希和在敦煌藏经洞的发现，抨击伯希和写给塞纳尔的信：“每天工作十小时，看一千卷汉文卷子！这……相当于每三十秒一卷……伯希和先生用这种速度就能看明白卷子的内容？”

实际上，法让耐思维混乱，他忘了伯希和在三周里有二十一个晚上可以用来挑选书卷。伯希和并没有用三十秒的时间读那些卷子，而仅仅是挑选。

不管怎样，在法让耐看来，沙畹与伯希和是利用翻译来掩饰无知的骗子。他们在如此短时间内完成所谓的发现根本靠不住。8 月 31 日，《殖民报》头版头条转载法让耐在上海发表的文章，该报社论作者希文 · 奇约（Sioun Kieu）宣布论战正式拉开帷幕。9 月 6 日，还是在《殖民报》上，论战的另一个主角——在河内教授安南语的儒勒 · 胡（Jules Roux）上尉粉墨登场。他发表文章说，学习汉语需要五年，学习拉丁化越南语只需要三个月。14 日，另一波高潮出现：法让耐在写给《殖民报》主编的信里继续攻击沙畹与伯希和，说他们对汉语一无所知，翻译错误百出，只知道“断章取义”。法让耐认为，这两个人是法国远东学院小集团的核心人物，是首先应该清除的“七头蛇”。[1]

> ……一群年轻的汉学家围绕在法兰西学院周围，利用法兰西学院攻击他人。他们将所涉足的领域视为私有。任何人，不论是学者还是考察者，只要涉及的领域恰巧与他们的重合（这些领域被他们视为私人财产），都将成为他们攻击的目标。而他们的攻击往往歪曲事实、有失公允。

沙畹、伯希和以及法国远东学院应该把握好阵脚。9 月 20 日，突击再次发生。让 · 饶勒斯（Jean Jaurès）主办的《图卢兹快报》（*La Dépêche de Toulouse*）在头版头条“我们的时代”专栏刊登题为“方块字之战”的文章，作者不是旁人，正是阿贾贝尔。文章采用传统套路，首先揭露“汉学界的可怜

1 希腊神话中的七头蛇（Hydre de Lerne），头斩去后仍会生出，为赫拉克勒斯所杀。

现状，并嘲笑一番英国学者和德国学者”，最后得出结论：“教授、大师和头上顶着国家荣誉的人物更在意自己的头衔和报酬，更追求虚荣，而难以刻苦钻研，追求真理。他们经常滥用我们的信任。”

这是一次常规性攻击，目标是日后被称为学术权威集团的阶层，即在学术和思想领域以文化之名谋求私利的权威人士。《图卢兹快报》的读者已经习惯看到该报每天都攻击学术界“大资本家”和“大财团”。

阿贾贝尔秉承法让耐的论调，继续用尖酸刻薄的语调进行攻击，但犯下了无法弥补的错误：

> 有时候，我们心中也会有些疑惑。汉学家也是普通人，也会有年少的痴狂和成功的眩晕。于是，我饶有兴致地研究了伯希和考察队在中国新疆地区的行程。在甘肃发现中世纪藏经洞，对年轻的考察队长来说是怎样的功绩啊！这位幸运的考察者凭借微弱的烛光，用三个星期时间清查了两万册卷子。“我每天翻阅将近一千册……每小时一百册。”没错，每分钟将近两册。这无疑创下了研究文献的记录……现在，这些卷子堆放在国家图书馆，管理员伯劳舍（Blochet）先生只想将它们整理入库，其他工作以后再说。这些书卷什么时候进行编录、分类、翻译、评估？谁来完成这些工作？普通大众在这么一大堆藏文、婆罗米文和回鹘文写本面前早已晕头转向，心中只剩下虔诚

> 和惊愕……然而灾难正在逼近。在自由社会学院教授法让耐的呐喊声中，伪科学应声坍塌。

法让耐含沙射影的做法在阿贾贝尔那里得到了回应：伯希和翻阅卷子速度过于匆忙，至今书卷未公之于众，由此推断，从敦煌带回来的卷子肯定是假的。虽然这种推断没有任何证据，但也没关系！沙畹一无所知，伯希和是个骗子，法国远东学院汇集的是一批乌合之众，一批为知识权贵服务的走狗！同一天，法让耐在《殖民报》上发表了一封信，再次对沙畹进行攻击，说他利用中国和安南翻译为自己服务。事情至此，已不再是简单的媒体论战，战争机器已经发动！

9月30日，《殖民报》发表署名斯托克曼博士（Dr Stockmann）“致印度支那总督克洛布科夫斯基的公开信”，副标题是“印度支那科研机构真相”。这位不知名的神秘人物笔调和阿贾贝尔类似，一样的恶毒、固执、充满火药味。他写道：

> 法国远东学院欺骗了三届政府，还在致力于研究印度支那的学术圈中散播不和。该学院已经成立十二年，耗资三百万法郎，却在印度支那联邦、安南、柬埔寨和老挝的人种学、社会学和文明史研究中一项任务都没完成。

这样的论调不仅有失公允，简直就是诽谤。法让耐因为嫉妒而对沙畹恨之入骨，阿贾贝尔污蔑伯希和，这些都尚可理解，但法国远东学院断然不能接受在印度支那毫无作为的说法。实际上，对吴哥的第一批保护工作已经开始，菲诺对占婆的研究和卡迪耶神父对安南宫藏写本的研究都取得了进展。对以上无稽之谈应该予以回击！年轻的伯希和遭到的攻击最猛烈，是攻击的主要目标，他担当起回击的重任。

应该针对以下几点做出回应：法国远东学院的声誉、写给塞纳尔信函中遭到批评的部分段落、存放于维维安大街国家图书馆的那些卷子的真伪。伯希和是除保安人员之外唯一掌管书库钥匙的人，而从敦煌带回的卷子在那里存放已将近一年，暂时还没有找到更好的地方。研究这些卷子是一项长期工程，需要花费数年时间（到今天一个世纪过去了，这项工作还没完成），涉及梵文、古汉文、藏文、回鹘文、吐火罗文等多个学科的专家学者……如此浩大的工程无法一蹴而就，暂时没有着手进行也不足为奇。伯希和必须同时应对两个、三个，甚至四个对手：《图卢兹快报》文章作者阿贾贝尔、对沙畹译本提出质疑的法让耐、敦煌书卷藏书室管理员伯劳舍（对伯希和颇有微词），还有著名的斯托克曼，他可以算作一个隐形的阿贾贝尔。

任务十分艰巨，伯希和心情焦躁，在论战中越陷越深。论战是一项残酷而微妙的艺术，阿贾贝尔恰是个中高手。10月6日，伯希和在《图卢兹快报》上写道：

> 让·阿贾贝尔先生，《东京的未来》的长期撰稿人，最近在该刊物上强烈抨击政府的“东方主义”路线。现

在，《图卢兹快报》也沦为一丘之貉。阿贾贝尔先生想通过模棱两可的立场显示自己不属于任何派别，但很可惜，他已经选边站队了。

伯希和言之过急了！同时也许没有必要指责《图卢兹快报》，因为报纸编辑部只是发表了长期合作者阿贾贝尔的一篇文章，本身并没有表明立场。针对法让耐，伯希和说他“从没有到过远东”。可惜这种说法不符合事实。关于涉及沙畹的争论，伯希和把可怜的法让耐说成“汉学界驴唇不对马嘴的国王”，并坚称自己在敦煌藏经洞里以每小时一百册的速度翻阅书卷仍能保证阅读质量。伯希和宣称，没有必要和法让耐说汉语，因为他只是一个“后知后觉的自学者，甚至对自己的无知都一无所知”[1]。至于敦煌书卷管理员伯劳舍，他指责伯希和不同意他研究那些卷子，伯希和说他只是法让耐的升级版，“有一天他会察觉到，那些他从没看过的卷子都是‘赝品’。到那时候，法让耐就会‘获得意外收获’了”。客观地说，伯劳舍是一位真正的学者。

伯希和必须证明自己带回卷子的真实性，但他依然采用轻蔑、高傲和尖刻的语调，也许是为了显示自己桀骜不驯。尽管如此，他对别人的攻击却不能无动于衷。他用中国学者的能力

1 法让耐发表过多部著作，其中包括 1904 年 Chevallier&Rivière 出版社的《中国人》（*Le Peuple chinois*）和 1906 年 Giard&Brière 出版社的《中国伦理道德》（*La Morale chinoise*），其本人多次前往中国和印度支那。（原注）

来衬托自己，称“我经过北京时，他们看了我的部分稿子，纷纷影印出版”，却并没有明确指出看的是哪部分。他还说“中国政府办事勤勉，很快就运走了敦煌的剩余藏书”。这种说法不确切，因为兰州官府只是加强了对藏经洞的看守。

这样轻蔑的语气、仓促的应答和急于了结的心态，没有深入论述，只能更加刺激对手。

10 月 13 日，可怕的斯托克曼在《殖民报》上发起更加凶猛的反击：

> 我在《图卢兹快报》上读到伯希和写给阿贾贝尔的文章……苍白无力。哦，连罗贝尔·马盖尔都成汉学家喽。

斯托克曼眼观六路，心中早已打定主意。按照他的说法，可怜的伯希和成了罗贝尔·马盖尔——《阿特莱的小酒馆》(*L' Auberge des Adrets*)[1]中的悲情主角，一个冒充名流混进上层社会的流氓。在他看来，伯希和犯下了不可饶恕的罪行。阿贾贝尔既为受印度支那天主教团启示的《东京的未来》供稿，也为饶勒斯的《图卢兹快报》写文章，伯希和居然敢说他善于钻营。这样一来，伯希和就把自己卷入关于政教分离的激烈争斗中。1905 年以来，天主教会和主张在印度支那施行 1901 年世俗法的共济会之间论战愈发激烈。斯托克曼批评伯

1　法国剧作家本杰明·昂蒂埃（Benjamin Antier，1787—1870）创作的话剧。（原注）

希和给他的回复是“一张天主教传单……目的是抢走一位廉洁、忠诚、勇敢作家（指阿贾贝尔）的饭碗”。啊！他把伯希和戏谑地叫做“来自圣蒙德的小青年儿”，因为伯希和出生于这座风景别致的小镇，还说伯希和是“宗教学校培养出来的成果”。斯托克曼写道，伯希和作为教权主义分子，返回法国后就急于“在《巴黎回声报》发表自己的发现”。众所周知，《巴黎回声报》有民族主义保皇倾向，老板是共和派人物巴雷斯和沃日瓦（Vaugeois）的侧近人士、令人恶心的于勒·勒梅特尔(Jules Lemaître)。就这样，伯希和的又一个所谓教权主义阴谋被揭发出来，成了“虚伪、反动的街头杂耍艺人”，依靠攀附“大富豪、法兰西学院院士、一贯反对卡约（Caillaux）先生的萨尔特省保皇派分子”埃米尔·塞纳尔才获得今天的位置。伯希和之所以能轻松自在地前往中亚游历，得益于贵族富豪俱乐部——法国亚洲委员会的慷慨资助，而塞纳尔正是亚洲委员会主席，“抄袭阿贾贝尔两部充满勇气、诚恳和富有远见的优秀作品”的罗贝尔·德·盖德圣阿姆子爵（vicomte Robert de Caix de Saint-Amour）也恰是该委员会重要成员。斯托克曼抛出这样的言论，无疑相当于进一步挑起战争：

罗贝尔·马盖尔先生，您已经是汉学家喽，但您身后依然飘散着宗教的怪味。在德雷福斯事件中，您不应当着阿贾贝尔先生的面在《图卢兹快报》上愚蠢地扮演反教权派角色。要知道，阿贾贝尔先生曾经是《人权日报》

（*Journal des droits de l'Homme*）主编。更何况，“受人尊敬的神父们”已经在精心安排您夺取权力的“时机”啦。

真棒！您把斗争引向宗教领域，引向您虚伪的一面。哦，罗贝尔·马盖尔先生，我们继续奉陪。

最后，我提一个建议。我们都知道，您在《巴黎回声报》和《法兰西行动报》沙龙里自称剑客，这很滑稽。斯托克曼博士已经准备好抚慰所有遭到他攻击的人，包括盖德圣阿姆子爵、菲诺老爷，还有克洛蒂尤斯·梅特尔（Claudius Maître）。然而只要您的那些卷子还无可反驳地背负着赝品的名声，我就会让您看到，没有人会和您罗贝尔·马盖尔先生决斗，即使您已经成为汉学家。

局势发展到顶点！情节就像《阿特莱的小酒馆》中一样，虚拟出来的退休殖民地官员斯托克曼先生一定受到了阿贾贝尔的指点。斯托克曼为了阿贾贝尔不惜与对手兵戎相见。这些替人冲锋陷阵的人……

斯托克曼博士每天都在《殖民报》上进行猛烈攻击，内容总与阿贾贝尔有关。14 日，他再次全文发表 7 月阿贾贝尔在《东京的未来》上写的文章。17 日，他提到亚洲法国人协会那次晚宴，他心中的英雄阿贾贝尔在席间向伯希和抛出“滑稽学校”的说法。19 日，他攻击沙畹及其翻译作品：“沙畹先生，您是个比利时诗人！”这已经够绝了，但还有更绝的！20 日，敦煌书卷管理员伯劳舍在《快报》中指责伯希和隐藏自己的发现成果，滥用职权且不负责任。伯希和把伯劳舍戏称为“法让耐升级版”，而伯劳舍认为伯希和的汉语“含糊不清”。同一天，斯托克曼写道：“我们知道伯希和先生深入突厥斯坦沙漠腹地，为我们带回三万册看不见、摸不着的可疑书卷，简直太可疑了！”[1] 为了增强语言的攻击性，他还把伯希和叫做“在古迹里捡烟头的王子”。

21日，攻击仍在继续，这次瞄准的目标是印度支那天主教团。斯托克曼博士说：“我认为，传教士从事的民族学、人类学、社会学、宗教、经济学研究，从根源上讲都有严重瑕疵——‘天主教瑕疵’。”24日，攻击指向法国远东学院：“‘滑稽学校’的消失只是时间问题，共济会不应满足于初步胜利。”紧接着：

> 你们（法国远东学院成员）在教会和政党之间扮演暧昧角色。你们和你们的老师诺埃尔·贝里（Noël Peri）神父一样，都在耍花招。他在外方传教会是代表教廷的传教士，却不敢到河内传教，只敢每天早晨五点一边在房间里挠墙，一边做弥撒。你们接纳了杜朗（Durand）神父，即让·德·安南（Jean d'Annam）。他在印度支那诋毁诽谤共和制和共济会……引发1909年和1910年安南中部起义

1 三万册属夸大其词，是将伯希和从敦煌带回的书卷和1909年北京所购混为一谈的说法。伯希和实际从敦煌带走三千册书卷。（原注）

的部分责任应归咎于你们。

殖民地人民的起义、教会的阴谋诡计，伯希和处在各种丑闻的漩涡中心。从那以后，他和他所在的法国远东学院都选择了用沉默来应对。不回应又能怎么样？在维维安大街存放的书卷打开之时，真相终究会大白于天下。10 月 27 日，斯托克曼博士再次将枪口对准所谓的罗贝尔 · 马盖尔，也就是伯希和。这一次完全是人身攻击："您穿的燕尾服是美式剪裁，您还像英国人一样戴假领子。"（暗指伯希和不是法国人）第二天，他又说："您以前还肆无忌惮地嘲讽过一位老人——艾莫尼埃先生[1]。在《巴黎回声报》和《法兰西行动报》的天主教编辑部里，贵妇们兴致勃勃地围在您身边……"他插科打诨道：伯希和是"来自圣蒙德的小青年儿"，更是"情圣中的情圣"，堪比《蒙帕纳斯的比比》（*Bubu de Montparno*）[2] 中的盗贼。虽然外界要求他打开装着十万册书卷的箱子，但他就是不肯。12 月初，《殖民报》对论战感到厌倦，中止了斯托克曼博士的攻击。直到那时，他们口中的"滑稽学校"仍没有沦陷。阿贾贝尔和法让耐白白于 1910 年 12 月在《土著杂志》上再次冒泡，他们还在老调重弹，没有新鲜内容，只相当于做了一次备忘录式的

1　斯托克曼（即阿贾贝尔）指的是伯希和的《扶南考》，1903 年发表在《法国远东学院学报》上，第 248—303 页。见第四章。（原注）

2　法国作家夏尔-路易 · 菲利普（Charles-Louis Philippe，1874—1909）创作的小说。

回顾。这场“《爱尔那尼》之战”[1]尚未结束。按照19世纪的传统，类似的争斗必将发展到你死我活的程度，也就是说，接下来的1911年才会迎来事件的高潮。

1月，一名议员质问公共教育部长，国家图书馆何时才能将伯希和带回的书卷公之于众？26日，《世界报》的前身《时报》向读者概括了整个事件的经过。2月18日，公共教育部长在《政府公告报》(*Journal officiel*)上做出谨慎回应，重申伯希和从敦煌带回约三千册卷子和写本，离开敦煌后一年间还在中国购买或获赠了三千册书卷。部长进一步指出，伯希和已经编纂了书卷目录清单，目录已经官方盖章确认。此次情况通报并不完整，因为4月间又传出消息，法兰西公学决定取消希伯来语教授职位，代之以中亚语言、历史和考古，并将此职位授予伯希和。

这条消息立刻引起一阵非议。4月24日，阿贾贝尔在《殖民报》上反对取消希伯来语教授职位，并炮制了日后被称为“伯希和材料”的文章。26日，法让耐接过接力棒，指责西尔万·列维是力挺伯希和晋升的幕后推手。这次攻击在科学界掀起一阵波澜，但未能阻止伯希和于1911年5月7日以二十六票（共三十五票）当选法兰西公学教授。那年伯希和还不满三十三岁，当选教授并没能消除他内心的焦躁。一年来，

1 《爱尔那尼》(*Hernani*)是法国作家雨果创作的话剧。“《爱尔那尼》之战”标志着浪漫主义对伪古典主义的胜利，是文学史上的重要事件。

他一直是各种攻击的目标，其猛烈程度前所未闻。滚滚洪流向他奔涌而来，他被冠以不学无术、愚昧、招摇撞骗、教权主义者、懦夫等骂名，这也许是因为他在10月6日的《图卢兹快报》上回应过一次之外，再没做出其他任何反应之故吧。这样的攻击已经超出他的承受能力，他必须予以回击，有力地回击。他应该像几年前保卫法国使馆那样奋力出击，夺取敌人的战旗，让敌人目瞪口呆。

1911年7月7日，亚洲法国人协会在香榭丽舍大街“院长餐厅”举办宴会，祝贺阿尔贝·萨罗（Albert Sarraut）出任印度支那总督。宴会由时任殖民部长阿道夫·梅西米（Adolphe Massimy）主持，来宾包括作家克洛德·法雷（Claude Farrère）、德·波利尼亚克侯爵（marquis de Polignac）、阿贾贝尔、法让耐及伯希和。宴会接近尾声时，法让耐从餐桌旁站起来，到大厅取咖啡。伯希和走到他身边：

> 伯希和一句话也没说，径直在我脸上狠狠打了一拳，随即对我拳脚相加。我还听到他说：“啊！您把我当成造假的骗子吗！”面对这样的攻击我惊愕不已，不能进行反抗。伯希和先生趁机离开了大厅。

法让耐一度想与伯希和修好，但伯希和也是个让人生畏的斗士，比他更年轻气盛，法让耐只好以人身攻击罪将伯希和告上轻罪法庭。这段故事成为各大报纸津津乐道的趣闻。7月18

日，克莱蒙·沃特尔（Clément Vautel）在《晨报》“巴黎人的话”专栏里打趣说：

> 众议员勒华·伯利约先生觉得，他询问圣·拉扎尔火车站工作人员时对方态度不够和蔼。啪！他给了对方一耳光。法兰西公学教授伯希和先生在中国书卷问题上与自由社会学院教授法让耐先生意见向左。啪！他也给了对方一耳光……社会风气从未如此彪悍，强者也从未如此理直气壮。

伯希和很快做出了反应。第二天，他在《晨报》上予以澄清：

> 《晨报》撰稿人克莱蒙·沃特尔在7月18日“巴黎人的话”中说，我在中国书卷问题上与法让耐先生意见不合，扇了对方一耳光，这种说法不确切。
>
> 我扇法让耐先生耳光是因为将近一年来，他把我的名字和谎称发现极地的库克博士、“保险箱夫人”昂贝尔[1]联系在一起。这是人格问题，不是学术问题。

1 指19世纪末法国德雷斯·昂贝尔（Thérèse Humbert）大宗诈骗案，当时该案在媒体上炒得沸沸扬扬。（原注）

面子就需要这样争取。伯希和为自己赢得了“夹鼻眼镜摧毁者”的绰号。1911年10月25日（星期三），巴黎轻罪法庭象征性地对他处以五法郎罚款，以补偿对方损失。开庭前一天，伯希和收到西尔万·列维的信：

> 法让耐无法真正占据上风，只能对您用尽侮辱和诋毁的招数。您觉得应该动手还击，予以纠正，但我不会鼓励您，因为您没必要因为这种人连累自己。然而我必须承认，如果有必要用巴掌应对险恶的嫉妒之人，您这一耳光打得恰到好处。如果您需要，我可以向法庭作出上述陈述。

事情的来龙去脉已经很清楚。虽然论战重新挑起，但在法庭审判之后逐渐平息下去。敦煌写本的真实性也得到了验证，诋毁伯希和的人最后只好闭嘴。

从1910年8月阿贾贝尔与法让耐向伯希和发动第一轮攻击起，伯希和事件进入“活跃期”，直至1911年10月轻罪法庭作出判决，前后一共持续一年多。相关论战不仅搅动了全国性报刊和学术期刊，还惊动了国家最高机构，包括卢浮宫博物馆、法兰西公学、国家图书馆、法兰西学院，甚至议会。事件的影响不仅限于法国，还延伸到印度支那、中国和英国，包括欧洲、美国和日本在内的全球学术界都有所触动。

这场争论已不再是伯希和一个人的事了，先后涉及法国远东学院和外方传教会的作用问题，甚至推而广之，涉及法国学术界领军人物的权力和特权问题。论战无法跳出国家政治争论的时代背景，受到当时支持和反对政教分离的两派观点严重影响。不难想象，伯希和之所以成为靶子，是因为他在新疆进行的考察工作使他成为法国远东学院鲜活的标志性人物，他本人还受到索邦大学、法兰西学院、卢浮宫博物馆和各大媒体追捧，后来又成为法兰西公学教授。对伯希和的攻击也对法国远东学院的研究方向、方法，甚至设置的必要性提出了质疑。这些攻击以失败告终，原因在于有关论据分量太轻，发起攻击的人也缺乏诚信——伯希和被指从敦煌藏经洞带回一批赝品，这与事实不符。另一个原因在于攻击者缺乏学术权威性，除敦煌写本管理员伯劳舍之外，没有其他权威人士支持他们，否则关于法国远东学院的争论或许会继续下去。伯希和给法让耐的一记耳光具有象征意义，他通过凌辱对方的方式提醒对方身份微不足道。

只是在这场堪比塔克拉玛干风暴的论战中，包括伯希和、斯坦因，还有到过柏孜克里克和吐鲁番的格伦威德尔和勒柯克，从没有任何人在任何时候质疑过获得敦煌写本的合法性和正当性。

诚然，斯坦因与伯希和在敦煌付过王道士钱，但藏经洞归中国朝廷设在兰州的地方官府管辖，王道士并非藏经洞的主人。况且藏经洞发现之后，兰州官府已下令将其封存，王道士根本无权打开藏经洞，更无权将洞中的写本和卷子给予他人。此外，付给王道士的钱微不足道，只相当于一笔小费，完全谈不上购买。斯坦因与伯希和非常清楚自己的非法行径，前者秘密将自己的发现运出中国，后者则只给中国同行而不是中国官府展示了一部分写本，且没有明确指出展示的是哪一部分。倘若从法律上对获得敦煌写本的手段进行判断，则应由刑事法庭作出裁决。整个过程中不仅有对看守人王道士的贿赂，还有偷盗、走私中国国家文物和历史文献的情节。为伯希和开脱的法国学者和保守派人士一直坚持认为兰州官府对藏经洞疏于管理，没有采取必要保护措施。斯坦因和伯希和取走写本，是为了使写本免受毁坏。可是这样说来，为什么他们不把写本交予中国朝廷？法国使馆更应通知中国朝廷，但他们并没有这样做。获得敦煌写本的手段不仅不合法，而且不正当。后来，中国政府正是以此为据指控斯坦因与伯希和偷盗中国文化遗产。

怎样评判斯坦因、伯希和等人对中国其他古迹的挖掘行动呢？在于阗，斯坦因依靠了当地寻宝人的帮助。人们会说，这种行为在当时很平常。然而三十年前在卢克索（Louxor），埃及文物管理处负责人、法国人加斯东 · 马伯乐（Gaston Maspero）和德国人布拉奇 · 贝（Brugsch Bey）已经开始亲自追捕“盗墓者”。在柏孜克里克和吐鲁番，格伦威德尔和勒柯克系统性地切割并带走洞窟里的壁画。在他们之前，这些壁画几个世纪以来没有人动过。在图木舒克，伯希和的挖掘也缺少必要的科学限制。

20 世纪初，中国对新疆的管辖已大为削弱。中国没有任何文物保护机构，考古学家也无从与其开展合作。当时的特殊情况应该予以考虑，这至少可以说明发掘敦煌藏经洞和其他遗迹时的客观条件。只是在论战不断升级时，无论法国、德国，还是英国，从未提出过任何质疑。

在当时的历史阶段，殖民列强自认为代表“先进文明”，以此为借口瓜分世界。还是借用雅克·达梅斯特泰的说法吧，亚洲被当做“科学研究对象”，中国、印度和越南文明发展到如此程度，却被认为无力保护自己的文明遗产。自从19世纪中叶尼尼微图书馆[1]和美索不达米亚豪尔萨巴德（Khorsabad）浮雕[2]被搬走后，人们对海外考古发掘普遍持积极态度。有谁比西方学者更能理解和解释那些古代符号呢？事实上，没有。无论是伯希和、斯坦因，还是勒柯克，都不是为了获得个人私利。他们的出发点是好的，只是结果未必与初衷一致。

1 即亚述巴尼拔图书馆，是迄今已发掘的古文明遗址中保存最完整、规模最宏大、书籍最齐全的图书馆，该遗址绝大部分古物现藏于大英博物馆。

2 即亚述古城浮雕，大部分现保存于德国柏林佩加蒙博物馆。

第十章　东西伯利亚

“一个深谙他人隐晦、怪异之处的学者”

正当伯希和准备开始在法兰西公学授课之际，第一次世界大战爆发，他的计划也受到影响。他虽被动员参军，但找借口逃脱也很容易。伯希和已经三十六岁了，既不缺乏社会关系，也不缺少政府支持，但这个在北京当过志愿兵的人并没有打算临阵退缩。伯希和是热忱的爱国者（写过《先生们，法国万岁！》），不会放下被克列孟梭称为在战场上“奔死”的法国同胞。他在炮兵第十三陆军团服役，战场不是马恩河，也不是佛兰德，而是在达达尼尔海峡与土耳其人进行的加里波利之战。

东方学家伯希和被招入先遣部队三处参谋部。这个机构的任务是就法国本土及法国殖民地之外的战事向战争部长提出战略和战术建议。三处是个重要的情报机构，对霞飞（Joffre）将军指挥的总参谋部和勒内·维维亚尼（René Viviani）领导的政府都有很大影响力。伯希和通晓突厥语和英语，于是加入法国派往伊恩·斯坦迪什·汉密尔顿（Ian Standish Hamilton）将军身边的小分队。汉密尔顿将军是协约国远征军统帅，负责控制达达尼尔海峡，然后夺取君士坦丁堡。1878年，汉密尔顿参加对阿富汗的战争，后在南非与布尔人作战中成名。他受命于基钦纳（Kitchener）将军。出于敬畏，他把基钦纳将军叫做“K”。

1915年4月18日，加里波利登陆前一周。汉密尔顿在驶向利姆诺斯岛的“SS阿卡迪亚号”快艇上“接见法国小分队三名军官：上尉贝蒂埃·德·索维尼（Bertier de Sauvigny），一个举止高贵优雅的上流社会人士；中尉伯希和，一个深谙他人隐晦、怪异之处的学者；中尉德·拉波尔德（de la Borde），英语很好，其他没什么特别之处。”[1]

4月25日，英国、澳大利亚和新西兰军队在土耳其城市加里波利附近登陆。土耳其未来的阿塔土克（Atatürk）[1]穆斯塔法·凯末尔上校（Mustafa Kemal）和德国将军列曼·冯·桑德尔（Lieman von Sanders）将协约国军队挡在刚刚登陆的海滩和山丘上，使军队无法向前推进。1915年9月29日，协约国军队损失惨重，局部战争败局已定。汉密尔顿将军最后一次

1 意为土耳其之父。

接见法国小分队，十五天后他将被解除军事指挥权。这一次，他向伯希和授予了军功十字勋章，以表彰他在“英军某团军官全部战死后，继续指挥该团士兵作战的英雄壮举”。[2]

伯希和事后再未提及这次勇敢、果断的行为，也许是因为这段插曲与其他出生入死的经历相比太微不足道了。

返回巴黎后，伯希和继续教授关于敦煌和古汉语语音的课程。1916 年 5 月 6 日，他正式升为中尉，6 月 8 日升为上尉，期间 5 月 28 日被任命为法国驻北京使馆副武官。他将和法国外交部紧密配合，并将在 1916—1919 年为先遣部队三处担任联络员，实际上就是特工人员。伯希和一向兼顾研究和实践，获得这项调动也是顺理成章的事。在那个时期，经常有大学者成为大特务。一战期间，英国在中东设立著名的“开罗特工处”，很多知名人士在其中效力。例如劳伦斯（T. E. Lawrence）上校（阿拉伯的劳伦斯），他也是考古学家，曾在美索不达米亚北部的卡尔凯美什（Karkémish）进行考察。还有其他学者，如伦德 · 伍利（Leonard Wooley）爵士，后来他在乌尔城发现了麦斯卡拉姆杜格（Meskalamdug）国王和普阿比（Pu'abi）王后的墓穴宝藏。另外还有格特鲁德 · 贝尔（Gertrude Bell），此人是出色的间谍，具有很强的煽动能力，战后在伊拉克建立了考古研究处。伯希和虽是学者，但一直参与政治，这一点无论是在法国远东学院、顺化、北京、乌鲁木齐，还是在巴黎，都未曾改变。战争爆发了，他理应前往远东施展自己的才华。

1912年2月12日，中国末代皇帝溥仪退位。伯希和再次来到中国，此时的中国已不再是封建帝国，而变成了共和国。数十年间，整个国家陷入一片混乱，为主张共和的孙中山与企图复辟的袁世凯之间展开权斗创造了条件。西藏和蒙古已正式宣布“独立”，其他各省则由地方军阀割据，例如东北即处于张作霖元帅统治之下。1916年6月袁世凯死后，中国至少存在两个政府，一个在北京，一个在广州。在中国，外国势力从未像当时那样如鱼得水，有机会极尽其能事，外国驻京使馆也成为各国在华指挥部。1915年以来，日本控制了中国政府，法国攫取了云南和南方省份。1917年2月圣彼得堡爆发革命时，东北几乎沦为俄罗斯帝国的边境省份。

伯希和抵达北京后，首先着手研究中国政治局势的走向。他先向军方了解情况，无论是现代派、传统派、共和派，还是保皇派，都是他的谈话对象。他也接触商界和知识界，以继续丰富他的藏书。他还会花一点时间进行科学研究。虽然他在法兰西公学担任教授后便不再隶属于法国远东学院，也不再为远东学院发表文章，但一直和《通报》及老师考狄保持着书信联系。至于他的业余时间，大部分都用在打桥牌上。伯希和整晚待在北京俱乐部，打桥牌赌钱经常能赢，因为他可以凭借过人的记忆力控制牌局。

> 1921年至1922年我在北京，当时还流传着一些桥牌玩家的名字。他们很自负，每晚都来俱乐部输钱，然后鼓

> 吹自己和无人能敌的桥牌高手伯希和过了招。据说伯希和武官用这种方式赢的钱都用来买书了。他家的藏书可谓汗牛充栋。[3]

伯希和在北京发现并购买的藏书中包括明朝汉文版写本《元朝秘史》，该书蒙文原版《蒙古秘史》面世于成吉思汗死后的1240年。

伯希和根据该书汉文版本收集了完整的蒙文版本，并将其译成法文。该书是关于成吉思汗时期蒙古贵族的历史，也包括一些民间史诗。17世纪汉文译本中有一些篡改和谬误。

当时恰逢蒙古宣布独立，中国却远不想承认蒙古独立。《元朝秘史》的作用可与1824—1830年间伍克·卡拉蒂奇（Vuk Karadjitch）编纂的《塞尔维亚民间故事集》相提并论（塞尔维亚最终脱离了奥斯曼帝国）。除史实外，《元朝秘史》也佐证了蒙古族的民族特性。

《元朝秘史》开篇这样写道：

> 当初元朝的人祖，是天生一个苍色的狼，与一个惨白色的鹿相配了，同渡过腾吉思名字的水，来到于斡难名字的河源头，不儿罕名字的山前住着，产了一个人，名字唤作巴塔赤罕。[4]

十代人之后，出了一个都蛙锁豁儿，额头上有只独眼，能看清三程远的地方。一天，都蛙锁豁儿看到美丽的阿阑豁阿和一群百姓走过来，便将她嫁给弟弟朵奔篾儿干为妻。阿阑豁阿生了两个儿子，一为不古讷台，一为别勒古讷台。史书记载，都蛙锁豁儿过世后，发生了第一段传奇故事：朵奔篾儿干打猎时，遇见一个正在烧烤猎物内脏的人，便要求分他一些肉吃。那人听罢，取下鹿头、皮子和肺，其余全部给了朵奔篾儿干。朵奔篾儿干驮着鹿肉赶路，又遇见一个筋疲力尽的马阿里黑伯牙兀歹人，这个人想用自己的儿子换朵奔篾儿干的鹿肉：

> 朵奔篾儿干将鹿一只后腿的肉与了，将那人的儿子换去家里做使唤的了。
>
> 朵奔篾儿干死了的后头，他的妻阿阑豁阿又生了三个孩儿：一个名不忽合塔吉，一个名不合秃撒勒只，一个名孛端察儿。
>
> 朵奔篾儿干在时生的别勒古讷台、不古讷台两个儿子，背处共说："俺这母亲，无房亲兄弟，又无丈夫，生了这三个儿子。家内独有马阿里黑伯牙兀歹家人，莫不是他生的么？"道说间，他母亲知觉了。
>
> 春间，一日，他母亲阿阑豁阿煮着腊羊，将五个儿子唤来跟前列坐着。每人与一只箭竿，教折折，各人都折折了。再将五只箭竿束在一处，教折折呵，五人轮着，都折不折。
>
> 因那般，他母亲阿阑豁阿说："别勒古讷台、不古讷

> 台，您两个儿子，疑惑我这三个儿子是谁生的，您疑惑的也是。”
>
> “您不知道，每夜，有黄白色人自天窗门额明处入来，将我肚皮摩挲，他的光明透入肚里。去时节，随日月的光，恰似黄狗般爬出去了。您休造次说！这般看来，显是天的儿子，不可比做凡人。久后他每做帝王呵，那时才知道也者！”
>
> 阿阑豁阿就教训着说：“您五个儿子，都是我一个肚皮里生的，如恰才五只箭竿一般，各自一只呵，任谁容易折折。您兄弟但同心呵，便如这五只箭竿束在一处，他人如何容易折得折！”
>
> 住间，他母亲阿阑豁阿殁了。

《元朝秘史》起源于蒙古与外贝加尔之间的山脉和斡难河源头。1917 年 10 月，布尔什维克在俄国获胜后，法军参谋部将伯希和派往那里。

俄国沙皇军队逐渐衰落，不少部落揭竿而反。伯希和所在的先遣部队三处目睹了这一现状，估计“俄国军事、经济将土崩瓦解”，建议对西伯利亚地区进行军事干预，保护协约国在当地的战略经济区。此建议得到法、英政府支持，但美、日反对在未征得列宁政权同意的情况下出兵。另一方面，同盟国封锁了西线，协约国只能借助西伯利亚铁路，而这条铁路不足以为如此大规模的军事行动提供后勤保障。在别无选择的情况下，三处建议控制俄国海关、港口、通讯、矿山和钢铁厂，并提议与俄国中央政权秘密签署和平协议，从而肢解俄国。

11 月 16 日，克列孟梭接替保罗·潘勒维（Paul Painlevé）出任法国总理，并以战争部长的名义任命福煦（Foch）为协约国军总司令。

福煦将军说："我有一个兄弟是耶稣会成员。"

"我不在乎……""老虎"克列孟梭回答说。他在乎的是能力，而非宗教派别。

这时期的法国外长是毕盛，1906 年时他也是外长，1900 年法国驻华使馆遭围困时，他是驻华公使。伯希和一直与他保持着联系。毕盛和克列孟梭都不喜欢刚诞生的苏维埃政权。毕盛出任法国外长时曾宣称："俄国革命在四个月之内从三级会议蔓延到巴博厄[1]。"[5] 他毫不怀疑俄国将背叛协约国，福煦和贝当也持同样观点。法国参谋部重新调整了计划，预计德、俄将达成和平协议，同盟国将再次全力向西挺近。当时估计德国将在 1918 年春天发动大规模进攻。

11 月 20 日，克列孟梭拒绝承认布尔什维克政权。列宁和托洛茨基还没有被当做敌人，但外界对他们的意图和能力已经产生极大怀疑。巴黎主流意见认为，俄国新政权没有能力抵抗德国进攻，德国将轻而易举地拿下西伯利亚铁路，并通过该铁路将军队运到西伯利亚地区，直至通往中国和日本的门户符拉

1 法国地名。

迪沃斯托克！

怎样才能阻止德国人的行动？11月30日，先遣部队三处提出两项建议："一方面，重新建立符拉迪沃斯托克与莫斯科之间的联系，即控制西伯利亚铁路并加以利用。另一方面，组织俄国可调配的剩余力量进行抵抗，如有可能，将罗马尼亚、哥萨克、捷克斯洛伐克、乌克兰等部也纳入其中。"[6]

必须采取紧急措施，因为就在三天后的12月2日，苏维埃政权即与德国签署停战协议并开始和平谈判。同一天，福煦将军批准了三处提出的建议。12月4日，外交部决定资助推翻俄国苏维埃政权的行动，资金数额上不封顶。法国动用了特工人员，毕盛希望"结束俄国无政府状态，建立合法政府"。福煦将军向日本驻法大使松美（Matsumi）和美国驻法武官豪斯（House）上校发出备忘录，指出"俄国将溃败，德国占领区将大面积扩大，直至西伯利亚"，建议按照三处的计划在符拉迪沃斯托克和哈尔滨夺取西伯利亚铁路，然后"通过小股军事力量沿铁路线逐渐推进，直到莫斯科"。法国政府希望美国和日本在东西伯利亚采取军事行动，因为德国利用俄国军队的崩溃增强了自身实力，有可能发动大规模进攻，法、意、英三国无法削减西线兵力。[7]9日，罗马尼亚也与德国签署停战协定。12月23日，英、法共同商定在俄国北、南、东三个方向采取军事行动。东西伯利亚和通往符拉迪沃斯托克及中国东北哈尔滨的西伯利亚铁路成为首当其冲的战略要地。

12月，大量敌视布尔什维克的俄国人越过国境，到哈尔滨和北京避难，俄国驻华使馆也与布尔什维克政权分道扬镳。伯希和上尉在自己的办公室里接待了不少俄国人。他前往哈尔滨白俄人聚集的“现代酒店”，还到过反对苏维埃红军残部退守的边境地区。在满洲与西伯利亚和蒙古交界的城市满洲里，当时大概是12月底，伯希和第一次遇到一个不同寻常的人物——哥萨克阿塔曼（ataman）[1]格里戈里·谢苗诺夫(Grigori Semenov)。他与其他到哈尔滨避难的人不一样，没有围拢在权倾一时的华东铁路局长霍尔瓦特（Horvath）将军周围举办沙龙，而是在筹划着战争。他是个强势人物，手下大概有千把号兵士，包括哥萨克人、蒙古人、布里亚特人和俄国军官。他梦想着打败俄国红军，夺取伊尔库茨克。

谢苗诺夫二十八岁，出生于外贝加尔地区库兰吉(Kurangi)，父亲有一半布里亚特血统，母亲是俄国人。谢苗诺夫是一名勇猛的军人、出色的刀手。他曾在弗兰格尔(Wrangel)将军的指挥下，参与在波兰、白俄和喀尔巴阡山脉的战斗，表现勇猛，得到将军赞赏。1917年，他在珀斯产生了组建一支布里亚特人军队的想法。他认为，列沃夫(Lvov)王子和俄罗斯杜马会信任这样一支队伍。他的计划获得通过，但正当他在伊尔库茨克招募士兵时，布尔什维克政权控制了外贝加尔地区。那时他刚带领队伍越过边境。他的副手是三十二岁的罗曼·冯·恩琴–斯特恩伯格（Roman von

1 意为首领。

格里戈里·谢苗诺夫，东西伯利亚。

罗曼·冯·恩琴—斯特恩伯格，东西伯利亚。

Ungern-Sternberg)，波罗的海人，出身奥地利格拉茨贵族家庭。1914—1917 年，斯特恩伯格在加利西亚俄军服役，他当时的长官也是弗兰格尔。他虽多次有过人表现，但弗兰格尔拒绝予以重用，原因是觉得他性情不够沉稳。进入 10 月，谢苗诺夫和斯特恩伯格开始和布尔什维克军队作战，他们应对“红色恐怖”的方法是实施更大恐怖。他们还很年轻，队伍只有千人，意志坚定但装备很差。他们凭借一己之力就想获得胜利！他们的想法很疯狂，但吸引了伯希和上尉与英国二等武官德尼（Denny）上尉，也吸引了日本参谋部军官高津（Kuruku）上尉。

1 月，三人多次与谢苗诺夫碰面，详细了解这位哥萨克阿塔曼的计划。为了让他们看到自己的能力，谢苗诺夫施计让满洲里亲苏维埃驻军相信他将重兵围城，然后夺取了满洲里。亲苏维埃政权和军队缴械投降，被收拾一顿之后，装进运送牲畜的车皮运往伊尔库茨克。这次胜利说服了伯希和及英国、日本同行。

1918 年 1 月 30 日，伯希和上尉向法国外交部发密电称：谢苗诺夫领导着一支千人左右的队伍，有布里亚特人、蒙古人，还有一部分俄国军官，现在要求提供支援。他们目前驻扎在靠近中国边境的达斡尔地区。伯希和与法国外长毕盛关系良好，希望法国帮助谢苗诺夫沿西伯利亚铁路伊尔库茨克方向开展“反革命运动”（即反布尔什维克运动）。伯希和要求向谢苗诺夫提供三千支步枪、三十挺机关枪和几门大炮。他还强调，俄亚银行掌握着一千六百万法郎，反对布尔什维克的俄国武官也有一千四百万法郎，这些钱都可以为谢苗诺夫计划提供必要、快捷的资助。[8] 伯希和的建议与毕盛的想法不谋而合，但未获得法军参谋长支持，因为他认为谢苗诺夫的军事实力微不足道，不愿为此惹恼日本。福煦将军曾在 12 月要求日方采取军事干预，但当时日方尚未就此做出表态。2 月 4 日，伯希和的建议最终遭到否决。

此事并未就此了结。伯希和在满洲里或北京期间，几乎天天与德尼上尉见面。在后来的几天里，英国外交大臣贝尔福（Balfour）勋爵也收到德尼的类似请求："绝对有必要支持俄方采取诸如谢苗诺夫上尉计划的行动，应在资金和装备上予以支持。"英国大使贝尔提（Bertie）勋爵向毕盛转达了英国政府强烈希望法国参与谢苗诺夫计划的愿望。[9] 有了英国的表态，法国先遣部队三处遂同意伯希和的请求。2 月 17 日，法军参谋部收到一份备忘录：

> 有必要夺取西伯利亚铁路，因为：
>
> 一、可切断从符拉迪沃斯托克向俄国中部地区运送补给和战略物资的线路。
>
> 二、日后可向抵抗中心提供支持和补给，助其坚守并不断扩大。
>
> 三、消除敌人获得太平洋入海口的潜在可能，防止敌人发动海底军事行动。[10]

建议批准了。当天，克列孟梭和福煦决定每月支付五千英镑，用以向谢苗诺夫计划提供一半资金，另一半由英国承担。伯希和获得了胜利！2月18日，德国和苏维埃的谈判破裂，红军开始溃退。3月1日，伯希和收到1月30日电报的回复，上面有福煦的签字：

> 兹任命伯希和上尉为法国驻谢苗诺夫部队特派员。
>
> 法国和英国共同资助谢苗诺夫计划，英方负责提供武器和弹药。
>
> 授权伯希和上尉从法国驻中国占领军向谢苗诺夫军队调拨三门山炮和两挺机枪。[11]

伯希和是毕盛在北京的代言人，他的行为体现了外交部长的想法。然而在法国政府和军方内部，争论已经出现。一派以毕盛为代表，不希望看到布尔什维克的存在；另一派认为应该支持布尔什维克，并利用其对付德国军队，将德国人限制在东部沦陷区内。尽管德国和俄国苏维埃政权于3月3日在布列斯特—立陶夫斯克签署和平条约，但法国内部的争论仍未结束。当托洛茨基要求法方资助他重组红军时，三处也表现出了兴趣。支持托洛茨基则必将停止（至少暂时中止）对谢苗诺夫的支持，这遭到毕盛全力反对。3月6日，谢苗诺夫部队受挫。一支有奥匈战俘参加的红军夺取达斡尔地区，将谢苗诺夫先头部队打退至中国边境。但在此时，谢苗诺夫受到法国、英国和日本支援，又通过收编哥萨克和中国士兵壮大了队伍。

谢苗诺夫和斯特恩伯格在法兰西公学教授、汉学家伯希和上尉的协助下开始冒险计划，但行动很快就超出了正常范畴。1918 年 3 月 13 日下午五点十分，驻华副武官伯希和上尉通过上级发给法国战争部一份密电：

> 一、4 月 28 日，哥萨克上尉谢苗诺夫对波尔萨不战而取。革命军匆忙撤退，丢下三门大炮、一挺机枪、三百节车皮，在波尔萨无线电台丢弃若干发报设备。
>
> 根据获取的资料，驻波尔萨革命军有一千零四十五名战俘（大部分为奥匈人，其中八百多人来自鄂木斯克），五百一十四名俄国红军卫队士兵，另外还有十二门小钢炮、十六挺机枪和两门重炮（没有弹药）。
>
> 4 月 30 日，铁路修复后，谢苗诺夫将部队大部转移至卡达布拉克（Kadaboulak），将骑兵转移至奥洛维扬纳亚（Olovianaia，斡难河畔）。5 月 2 日，谢苗诺夫所部全部到达奥洛维扬纳亚，准备 4 日发起进攻。
>
> 5 月 4 日，革命军乘四列火车撤退，炸毁一百米奥洛维扬纳亚桥（总长四百米）。
>
> 谢苗诺夫搭建临时通道，先遣部队 5 月 9 日夺取距离卡雷姆斯克（Karimsk）十公里的阿德里安诺夫卡车站，此地位于西伯利亚铁路在黑龙江流域的满洲里—哈尔滨特列津斯克（Tretinsk）支线上。

> 谢苗诺夫已经能够（至少很快即将能够）在卡雷姆斯卡亚（Krimskaia）立足，有能力切断连接赤塔和布拉伐维申斯科的铁路线。[12]

大地解冻，黑龙江河水上涨，两岸春暖花开，此时正是进入西伯利亚平原的大好时机。伯希和来到与新疆遥遥相望的西伯利亚门户之地，来到命运堪忧的中华帝国和正在瓦解的罗曼诺夫帝国[1]的中间地带，那里有他施展拳脚的空间。谢苗诺夫的小股部队四处游窜。蒙古骑兵、布里亚特兵、中国兵和俄国军官并肩作战，但各部分人员的目标不尽一致：俄国白人军官希望重建罗曼诺夫帝国，或者至少建立共和国，不受列宁和托洛茨基的专政统治；布里亚特人和蒙古人梦想外贝加尔甚至整个西伯利亚地区获得独立，不再受外族统治，但俄国红军接管了这一地区。谢苗诺夫有一半布里亚特血统，一半俄罗斯血统，只有他具有如此的多元性，伯希和认为这是他赢得民意支持的重要原因之一。

> 二、所有情报均显示，谢苗诺夫势力范围内的民众对他趋之若鹜。外贝加尔地区人民渴望秩序，支持有能力恢复秩序的人。[13]

---

1 指俄国。

伯希和上尉。东西伯利亚，1918 年夏。

对于遥远的莫斯科而言，西伯利亚独立的梦想并不显得新奇，因为当时土库曼、乌兹别克，还有中国西藏和蒙古也有同样想法。谢苗诺夫的副手、波罗的海人斯特恩伯格用自己的方式表达出中亚民族的共同心愿，这些民族受到毗邻帝国不同程度的统治。1908 年，谢苗诺夫的军队刚刚首次攻占达斡尔地区，他便加入其中。他被任命为外贝加尔哥萨克军队阿尔贡一团少尉，给自己留下了酒徒和妓女杀手的名声。1913 年，蒙古刚谋求从中国分裂出来，正在争取自身的独立。斯特恩伯格脱离俄国军队，转而为蒙古人信奉的活佛帕克托格根[1]卖命。他还没来得及投入战斗，中国中央政府就已经和外蒙古地区和解了。

斯特恩伯格只好返回达斡尔地区。那时谢苗诺夫的部队已经有两千人，另有两千人在组织中。当时，谢苗诺夫正在准备为胜利庆功。然而斯特恩伯格已经戒酒，对女人也失去了兴趣。这个波罗的海贵族不再酗酒，也不想纵欲，脑子里却有一些让人眩晕的想法。俄国革命前，他在彼得堡和莫斯科读过一些斯文 · 赫定的著作。赫定非常推崇藏传佛教，崇拜草原上的游牧民族。斯特恩伯格也受到尼古拉 · 奥斯本斯基（Nicolas Ouspenski）、乔治 · 葛吉夫（Gerges Gurdjieff）和神智学派的影响，认为从印度、中亚和中国等地神秘的东方思想中可以找到回答人类最根本问题的答案。俄国革命和布尔什维克胜

1 即八世哲布尊丹巴（1869—1924）。

利让他坚信欧洲末日即将来临。他对此表示欢迎，因为在他看来，欧洲在文艺复兴时期已经丧失自我，他坚信犹太人腐蚀了欧洲。但他不相信布尔什维克能够消除欧洲文明，原因在于他们中很多人都是犹太人，包括托洛茨基。他唯一能够接受的体制是君权神授的绝对君主制政体。对这位波罗的海贵族来说，只有中亚地区的游牧民族，尤其是蒙古人，才能拯救被资本主义和共产主义侵蚀的欧洲，重建中世纪后已不复存在的古老、原始的社会模式。他的梦想是重新打造一个成吉思汗帝国。谢苗诺夫自称是成吉思汗的直系后代，而斯特恩伯格则认为阿提拉是自己的祖先。

在谢苗诺夫的餐桌上，成吉思汗是经常提到的人物。谢苗诺夫的情人玛莎·沙拉邦（Marsha Sharaban）是一个有着黑眼珠的犹太女人，美丽迷人，对谢苗诺夫决策能够施加实际影响。谢苗诺夫对俄国红军毫不留情，用所谓远祖的方式割去他们的耳朵和头颅，却阻止了斯特恩伯格发动突击的强烈愿望，正是因为有玛莎加以劝阻。伯希和所欣赏的正是这样一些鼓吹俄国重生的冒险之徒。在茫茫草原上，除了上帝和法国先遣部队三处外，他们不向任何人负责。对遥远的巴黎而言，达斡尔地区只是世界地图上的一个小圆点，而伯希和则是他们的代言人。

伯希和上尉暂留北京，处理谢苗诺夫所部军费问题，并争取开通西伯利亚铁路，以满足谢苗诺夫运兵及民众交通的需要。四、法国外长在4月6日第178号电报中向驻华公使提到每月提供一万英镑军费。库达切夫王公（Prince Koudachef）[1]和英国驻华武官认为这笔钱仅是军饷和粮草的费用。当时一万英镑折合七十万卢布，现在由于汇率上升，应为三十万卢布。伯希和上尉争取到的结果是：4月底拿到以往开销的详细账目和当月较为详细的预算。旧历三月的亏空达五十万卢布，旧历四月的一百五十万卢布尚未支付，旧历五月仍需两百万卢布。如想谢苗诺夫一部巩固并扩大成果，则亟须提供上述资金。[14]

德尼、高津，现在又多了一个库达切夫。伯希和非常善于利用各国使馆在1900年夏天遭围困之后形成的混乱局面。义和团兄弟们说，如果毕盛不刻意安排，洋鬼子们也会在自己内部形成鲜明阵营。现在，毕盛的意见是主张追击布尔什维克！谢苗诺夫和外贝加尔地区人民万岁！这样的立场恰逢其时，因为就在同一天，法军先遣部队三处彻底放弃与布尔什维克的所有合作，转而坚决支持反对布尔什维克的力量。

德国人占据优势，协约国不应“将自己的命运与布尔什维克联系在一起”，以防失去整个俄国。在俄国，真正

1 中国铁路公司经理，负责西伯利亚铁路在中国满洲的一段，全长两千五百三十六公里。（原注）

> 的军事力量已不复存在。乌克兰人背叛了“谅解行动”，投向德国人；波兰人处在德国人火线之内；哥萨克人受到了布尔什维克主义影响；科尔尼洛夫（Kornilov）将军和阿列克谢耶夫（Alexeev）将军无力采取真正的行动。在这种情况下，协约国选择帮助俄国组建一支能够抵抗德军的红军队伍。“但所需的保障条件至今仍未落实，也未提供，我们的支持到目前为止纯粹是理论上的。”
>
> 如果无法有效组织俄军，则有必要向西线调拨军队。西线协约国军无法分身，只能期待日本提供增援，但历经了五个月的谈判，日本人仍未答应。
>
> 目标有两个，封锁俄军扩张的道路和帮助俄国重建。为阻止德军前进，应该：一、协助俄国重建军队；二、鼓励外部力量向俄国提供支援。
>
> 然而第一项已无法实现，第二项也陷入困境，因为美国政府要求所有对俄军事干预必须事先征得布尔什维克同意。现在应该实施1917年11月30日第11813 BS/3号电中提到的措施，夺取并经营西伯利亚铁路，用现存的有生力量开展新的抵抗。[15]

毕盛的路线获得福煦和克列孟梭支持，占据了上风。15日，法国公使柏卜（Boppe）再次强调伯希和之前提出的建议：“只有获得我们的资助，谢苗诺夫才能维继。如其遭受失败，将在西伯利亚对我们造成灾难性影响。”至此，先遣部队三处才彻底改变立场：

> 谢苗诺夫取得的胜利很有价值，因为可以阻止符拉迪沃斯托克的物资通过西伯利亚铁路或黑龙江外运。在日本采取军事行动前，谢苗诺夫是阻止布尔什维克部队和正在伊尔库茨克集结的奥匈战俘东进唯一可以依靠的力量。这一结论是从法国驻华武馆提供的情报中得出的。由于外贝加尔地区人民似乎愿意支持谢苗诺夫，他的行动可能还会取得进展。[16]

谢苗诺夫作为小股部队首领，对于死亡人数以百万计的整个战争来说只是沧海一粟。一项更庞大的作战计划即将开始实施。5 月 14 日，在伊尔库茨克和莫斯科之间的车里雅宾斯克车站，布尔什维克红军和捷克斯洛伐克军团发生激烈交火。捷克斯洛伐克军团在俄国革命前已经组建完毕，主要由参加捷克斯洛伐克贝奈斯（Benes）和马萨里克（Masaryk）运动的奥匈军队战俘组成。这支部队有十万人，布尔什维克夺取俄国政权后，他们即脱离俄军，转投法军。在贾宁（Janin）将军领导的法国驻俄武馆处协调下，预计捷克斯洛伐克军团将在缴械后开赴法国。但由于这支来自车里雅宾斯克的队伍心存猜忌，拒绝缴械，最终引发交火。战火不久就覆盖了从鄂木斯克到伊尔库茨克之间整个西伯利亚东段铁路。25 日，托洛茨基下令消灭所有在西伯利亚铁路沿线的捷克斯洛伐克部队，但当时俄国军队已经开始全线溃败。6 月初，捷克斯洛伐克军队暴乱升级为反布尔什维克运动。在离伊尔库茨克不远的地方，谢苗诺夫带领部下击溃赤塔驻军，夺取了这座铁路重镇。

6 月 1 日，法国使馆通过汇票提供四百万卢布，即二百九十三点六万法郎。这笔钱汇到哈尔滨俄亚银行一个账户上，由伯希和分五次转交给谢苗诺夫：6 月 4 日，四十万卢布；7 日，五十万卢布；7 月 1 日，五十万卢布；10 日，一百万卢布；29 日，七十万卢布；8 月 15 日，剩下的近一百万卢布也转交完毕。[17] 自此，谢苗诺夫军队成为法国在黑龙江和西伯利亚铁路地区战略布局中所倚重的力量。决定西伯利亚和俄国十月革命的牌局即将开始，伯希和不仅推动法军授予斯特恩伯格少尉军衔，手中还掌握了不少王牌。[18] 谢苗诺夫的军队与捷克军团合并，成为西伯利亚铁路东线上不可忽视的势力。伯希和要求再向谢苗诺夫拨款二百五十万卢布，以保证 9 月 13 日前不出现亏空。

> 31、那百姓说："有个那般的人、那般的马，与你问的相似。他再有一个黄鹰，飞放着。日里来俺行吃马奶子，夜间不知那里宿。但见西北风起时，鹅、鸭的翎毛似雪般刮将来，想必在那里住。如今是他每日来的时分了，你略等候着。" [19]

以上是伯希和闲暇时翻译的《元朝秘史》中的记载。这部史诗不仅衍生出不少神话传说，也激励了谢苗诺夫和斯特恩伯格这样的传奇人物。他们是梦想家，富有魅力又让人胆怯。伯希和对他们身上因疯狂、残暴和野心散发出的魅力自然心中有数。然而，随着捷克军团加入战斗，东西伯利亚战局发生了变化。成吉思汗哺育出的后代成为第一次世界大战中的战士。7月6日，反对布列斯特—立陶夫斯克和平协议的社会主义革命分子在雅罗斯拉夫起义，随后在鄂木斯克成立反布尔什维克政权。

7月15日，美国和日本决定参战，各派兵七千。8月2日，英国人在阿尔汉格尔斯克登陆。法国匆忙将前驻俄国武官处武官贾宁将军任命为协约国军司令。英国将高尔察克（Koltchak）海军上将送回俄国，计划派他领导俄国反布尔什维克军队。德国战败已为时不远，东西伯利亚事件在协约国看来又有了新的含义。9月，福煦将军司令部下达新命令：

> 目前出现一个新问题，其影响超出了战争领域。对于“自由国家”而言，问题在于打败布尔什维克主义，恢复俄国的秩序和平静，使俄国人民摆脱无政府主义，重塑民族团结，国家主权获得独立，在和平的欧洲重新找到自己的位置……因此，从俄国北、东、南三个方向展开的行动将逐渐对布尔什维克老巢形成彻底包围之势……在这种包围下，布尔什维克只能从俄国南部获得必要物资。另一方面，协约国军的存在将坚定俄国人民自由表达意愿的决心。因此，布尔什维克消失指日可待。[20]

在短短几周内，受协约国军和当地民众起义影响，乌拉尔山脉以东反布尔什维克力量从四万人发展到二十五万人。在这支队伍里，谢苗诺夫的三千名哥萨克和蒙古士兵变得微不足道。伯希和要求追加款项的事呈报给贾宁将军，但没有下文。

尽管如此，9 月 20 日，谢苗诺夫的先头部队在盖达（Gaïde）上校领导的捷克军队支持下，攻下上奥津斯克（Verkhnie-Oudinsk），27 日攻取克雷姆斯卡亚，10 月 1 日又拿下奥洛维扬纳亚。先遣部队三处着重指出："从符拉迪沃斯托克到伏尔加河的整个西伯利亚铁路沿线地区都已向协约国敞开大门。"[21]

可惜贾宁将军看不上这些战功。他是法军参谋部高级军官，曾担任圣彼得堡军事学院教官，熟知并欣赏沙皇军队的作风。在他眼里，谢苗诺夫和斯特恩伯格之流算不上严肃军人。

贾宁低估了伯希和昔日"门徒"的重要战略地位。当伯希和负责领导法国驻伊尔库茨克领事馆时，谢苗诺夫已经完全在日本人掌控之中，因为日本人在他的后方基地满洲里驻扎了五千人的军队。用不了多久，谢苗诺夫将成为让贾宁和法国参谋部头疼的问题之一，因为协约国军选举前黑海舰队司令高尔察克上将为俄国反布尔什维克军队司令，这不符合谢苗诺夫和日本人的胃口。从 4 日以来，贾宁将军开始抱怨日本人在东西伯利亚执行的政策：

> 在霍尔瓦特、谢苗诺夫和卡尔米科夫（Kalmikoff）的

> 阴谋支持下，日本人在该地区组织听命于己的俄国军队，用以对抗西伯利亚中央政府。这种行为打断了西伯利亚铁路的正常运输，对捷克斯洛伐克战线的补给和俄国军队的重建造成严重影响。[22]

贾宁要求所有俄国军队，包括刚被他中断补给的谢苗诺夫所部全都听命于他。他还希望美国人攻占哈尔滨、满洲里、赤塔和外贝加尔东部地区。最后，他要求日本政府不支持贝加尔湖以东俄军的分裂倾向，这相当于要求谢苗诺夫忘记自己是成吉思汗的后代，要求斯特恩伯格忘记自己是阿提拉的后代。怎么可能！谢苗诺夫梦想实现外贝加尔独立，明确拒绝服从高尔察克上将重建俄罗斯帝国的计划。一个月后，谢苗诺夫再次切断西伯利亚铁路，以阻止在鄂木斯克夺取政权的高尔察克（有英国人支持）获得补给。这一次，贾宁又看到了日本人的身影。[23] 贾宁与伯希和不同，不了解西伯利亚地区情况，无法相信该地区存在这样的自由部队。这也正是作为理论家的军官贾宁和作为实战家的学者伯希和之间的区别。

与谢苗诺夫相比，贾宁更喜欢高尔察克，因为他更像自己。高尔察克是极地探险者、水手、军人，宁可在黑海折戟，也不会向反抗自己的随从让步。水兵们没敢杀死他，他趁机快速在海军中树立威严，但并没有真正使军士们顺从。1918 年 11 月 18 日，高尔察克没有企图说服在鄂木斯克举行会议的社会主义革命派、孟什维克派和君权派，也没有同意这些派别在被他们关闭的国家杜马里打破共产主义一统天下的局面，而是在英国人支持下宣布实行独裁！贾宁则希望谢苗诺夫不要产生攻击西伯利亚铁路的想法！

伯希和在伊尔库茨克的任务是“保护同胞”（其实当地没什么法国人），同时“在一定范围内”采取一些政治行动。伯希和的工作只是辅助性的，贾宁要求他对“所有获得一定民众支持的政权采取友好态度”，“协助所有计划重建秩序并愿公开接受协约国和法国支持，继续和布尔什维克开展斗争的温和势力”。[24]

伯希和感到心烦意乱。贾宁不愿再听到关于他的消息，认为这名上尉只是个临时应召的平民，他对人性黑暗和异常一面的了解（正如汉密尔顿将军所说）相较参谋部军官的经验而言一文不值，哪怕这种经验脱离俄国实际，或者与战局不符。

11 月 11 日，第一次世界大战结束。伯希和按正常程序申请退伍。1919 年 2 月 22 日，伯希和调离部队：“驻伊尔库茨克领事馆代办伯希和上尉返回法国。”[25] 接到调令后，伯希和坐火车前往符拉迪沃斯托克，中途经停赤塔，但他在当地的朋友们并没有挽留他。他只是去看看他们？我们不得而知。我们看不到文森城堡[1]里保存的档案，无法了解伯希和上尉这次西伯利亚之旅的具体情况。但无论如何，此后谢苗诺夫所部被视

1　文森城堡（Château de Vincennes），建于 1337—1373 年，是法国现存占地面积最大的皇家城堡，现为法国国防历史查询处。

为一群土匪（反叛者的命运就是如此可悲），却仍期待伯希和回来助他们一臂之力。由于他们过于嚣张，3月1日，贾宁要求撤销谢苗诺夫所部守卫西伯利亚铁路赤塔至伊尔库茨克段的任务。最终，贾宁的要求在巴黎获得通过。

“我和我国派出的外交及军事代表意见一致，认为很难将一名公开反对高尔察克的军事首领安置在他的占领区附近，并使其正式承担保卫部分西伯利亚铁路的任务，因为目前铁路的混乱状态很大一部分原因归咎于此人。”克列孟梭这样向毕盛写道，而毕盛不得不妥协。

故事的结局并不好。一年后，高尔察克被交给布尔什维克，经过一番滑稽可笑的审判，在伊尔库茨克遭枪决。又过了一段时间，谢苗诺夫的部队吃了败仗，溃退至中国境内，斯特恩伯格也退至中国军队占领的蒙古。这位波罗的海贵族发誓要解救被中国人关押在库伦（乌兰巴托）的哲布尊丹巴。斯特恩伯格发起了残酷的战争，战后不留战俘，蒙古人也因此将他视为战神。达赖喇嘛说他是怀有悲悯之心的观音菩萨化身——嗜血成性的大黑天神转世。斯特恩伯格救出哲布尊丹巴，赶走了中国人。哲布尊丹巴赐予他仅限于成吉思汗后代的可汗头衔。疯狂的波罗的海贵族并未就此罢手，继续在库伦残杀犹太人，不断制造血案。直到后来，蒙古人也感到惊恐，将他交给俄国共产主义者。1921年9月15日，斯特恩伯格经仓促审判后被枪决。

豁儿赤来着说："我贤能的祖孛端察儿拿得妇人处，同胞生了札木合。并俺的祖，于札木合行，不合分离的是来。因神明告的上头，教我眼里见了：有个惨白乳牛，来札木合行，绕着将他房子车子触着折了一角，那牛于札木合处，扬着土，吼着说道：'札木合将我角来。'又有个无角犍牛拽着个大帐房下桩，顺帖木真行的车路吼着来，说道：'天地商量着，国土主人教帖木真做，我载着国，送与他去。'神明告于我，教眼里见了。帖木真，我将这等言语告与你，你若做国的主人呵，怎生教我快活？"帖木真说："我真个做呵，教你做万户。"豁儿赤说："我告与你许多道理，只与我个万户呵，有甚么快活？与了我个万户，再国土里美好的女子，由我拣选三十个为妻；又不拣说甚言语，都要听我！"[26]

第十一章　福煦大街

“问曰……牟子曰……”

1919年，伯希和返回法国，来到引导他踏入汉学界和考古学界的导师爱德华·沙畹墓前。沙畹死于1918年初，当时他的这个学生刚结识谢苗诺夫和斯特恩伯格，正要开始生命中的一段神秘岁月。伯希和返回法国时，带回了一位神秘岁月的重要见证者，他将和此人共度余生——玛丽亚娜·卡沃斯基（Marianne Kavorski）。伯希和在符拉迪沃斯托克遇到她，当时她正和大批俄国民众逃离列宁和托洛茨基的专政统治。1918年10月20日，两人在远离各自家庭的地方秘密结婚。两人也都有着随风逝去的记忆。在玛丽亚娜童年和少年时期的记忆里，不仅有沙皇，而且似乎更有托洛茨基、陀思妥耶夫斯基、契诃夫和怪诞不羁的喀山火车站设计者亚历山大·修谢夫。这样一个俄国社会，不仅诞生了贵族和革命者，也孕育了自由和创造精神。玛丽亚娜正属于这一类人。至于伯希和，他是突厥斯坦和蒙古草原上的独行侠，是骑士和剑客，自认为身上有马可波罗和成吉思汗的影子，一如先前对白云教和义和团的认同。

有些人公布了自己在中国的经历，引起书商竞相追捧。皮埃尔·洛蒂（Pierre Loti）讲述了驻京使馆遭围困的经过，虽然他并没有亲身经历；维克多·谢阁兰（Victor Segalen）描写了他梦寐以求却始终不得进入的紫禁城。伯希和手中掌握着中国20世纪初的重要史料，如果他肯动笔，作品必将引起轰动，估计到今天仍将具有重要参考价值。伯希和笔触富有警示性，语言直率而又审慎。很少有人能像他那样如此了解当时的情况。他的作品问世后定会畅销，他也将因此更加出名，可是他什么也没写。关于这段经历，就像关于其他时期的经历一样，他总是三缄其口。

也许是为了保守军事机密吧。“西伯利亚行动”是法国军方和政府单独谋划的行动，以彻底失败告终。法国军事干预换来的是苏维埃政权的胜利，今后法国只能与这个政权妥协共存。写一部关于这段历史的著作可能会遭到查禁，军方也会找作者麻烦。我们知道，伯希和有很多敌人。如果讲述敦煌的经历，无疑给法让耐、阿贾贝尔和斯托克曼等人提供了攻击的素材。而在当时，一个名叫马尔罗的人正在印度支那接受审判，罪名是私自把女王宫里的神像藏进自己妻子的包里。

另一方面，伯希和回到巴黎后也接受了新任务。1920 年 1 月 20 日，考狄在《通报》插页上发表声明：

> 我很高兴地向读者宣布，才华横溢的法兰西公学教授伯希和将加入《通报》管理层。[1]

1890 年，考狄创办《通报》季刊，旨在“为关于远东地区的丰富研究成果和文献提供平台”。[2] 创刊三十年来，《通报》成为研究东方以及亚洲和国际问题的重要参考刊物。在《通报》上，学者们可以用法语、英语、德语、荷兰语、汉语等语言介绍自己的研究成果，验证自己的假设。能够为《通报》工作是一项荣誉，成为《通报》管理层成员更将为个人赢得威望。通过《通报》，伯希和踏上了进入法兰西学院的跳板，而考狄本人也是法兰西学院的杰出院士。次年，即 1921 年，伯希和入选“学者议会”，成为法兰西金石与美文学院院士。法国学术界对此表示欢迎。伯希和赢得了正式名分，他作为冒险家的生涯宣告结束，作为大学者的光辉前景展现在眼前。

伯希和死后，他的《元朝秘史》译作才得以发表。而在当时，他恢复科学研究是从《牟子理惑论》开始的。[3]

牟子出生于 2 世纪末，梧州人，和母亲生活在东京。牟子在东京皈依佛教，189 年汉灵帝驾崩后写成《牟子理惑论》。这是一篇“对话式”的短文，通过虚拟人物向佛祖提出一系列质疑，牟子成功反驳并说服对方，直至使对方皈依这种仅在中国流传一个世纪左右的新宗教。牟子时期的中国与伯希和经历的军阀混战时期十分相似：

> 灵帝崩后，天下扰乱，独交州差安[1]……诸州郡相疑，隔塞不通。

当时所谓的“正统观点”对牟子提出批评，认为他“背五经而向异道”：

> 欲争则非道，欲默则不能。遂以笔墨之间，略引圣贤之言证解之。[4]

《牟子理惑论》由短篇章节构成，每段都以同样句式开始：“问曰……”紧接着提出问题，然后是牟子的回答，每次都以“牟子曰……”开始。

前两个问题关于佛的“超凡”性和“醒世”性，第三个问题关于道教：

> 问曰：何谓之为道，道何类也？牟子曰：道之言导也，导人致于无为。牵之无前，引之无后，举之无上，抑之无

1 交州包括广东、广西部分地区、东京及安南北部。

> 下，视之无形，听之无声。四表为大，蜿蜒其外，毫厘为细，间关其内。故谓之道。[5]

问曰……牟子曰……牟子以老师的身份出现，所讲授的内容并非所有人都能听懂。

> 孔子曰：可与适道，未可与权，所谓时宜施者也。……牟子曰：……道为智者设，辩为达者通，书为晓者传，事为见者明……公明义为牛弹清角之操，伏食如故……[6]

人分智者、达者、晓者和见者。人们发问，牟子回答，最后还说到对美妙音乐充耳不闻的牛。一套说理就此完成。

知识无法让所有人分享，只能传授给有领会能力的人。老师是大智者，也是孤独者；芸芸众生疑惑不解，很多时候，回答他们也没有用。所以即使对法让耐、阿贾贝尔、贾宁等人做出回应，又有什么用呢？伯希和回到法国后，将自己关进工作室，嘴上也保持沉默。他只管不停地翻译、评注和分析。他的研究课题往往只有他本人感兴趣。问他为何将如此多精力投入到没有意义的工作中，大师回答说："因为我觉得好玩啊。"

沙畹去世后，汉学界再没有能出伯希和之右者，只剩下一小部分门徒和大批对手。牟子说过，只有大师才有发言权。从此以后，伯希和就是这样的大师了。

伯希和的工作量惊人。他每年在《通报》上发表数百页翻译、标注和附带索引的评论，为金石与美文学院撰写很多报告，长期为《亚洲学报》供稿，自己还亲自教课。1925年3月，考狄在“雄伟酒店”（Hôtel Majestic）外的台阶上被德·拉朗溪勒（de la Roncière）砍伤胳膊，“把他抬回家后，他慢慢睡去，当晚与世长辞”。[7] 考狄死后，伯希和肩上的责任变得异常沉重，因为考狄选择他来接替自己的工作。

但这一切并没有阻止伯希和出行的脚步。1925年4月，作为印度支那总督代表和法国远东学院代表，伯希和前往开罗出席地理学会大会。[8] 卡斯东·维特（Gaston Wiet）正在为法国东方学考古研究所编纂埃及中世纪伟大史学家穆卡迪西（Taqi al-din al-Maqrizi）所著的《埃及史》（*Histoire de l' Egypte*）。伯希和借前往开罗的机会为维特提供了一些帮助。伯希和作为法国官方代表团团长，受到埃及法鲁克一世国王接见，随后携玛丽亚娜前往贝鲁特、耶路撒冷和大马士革，再乘船前往伊兹密尔、君士坦丁堡、雅典、那不勒斯和马赛。

玛丽亚娜一直都是伯希和生命的中心。他们把家安在了瓦雷纳大街。两个人都喜欢收藏雕花玻璃制品，而玛丽亚娜俨然就是一座私人博物馆馆长。对他们而言，这些易碎的玻璃制品不仅仅是收藏品。玛丽亚娜在1929年发表的藏品目录[9]前言中用细腻的笔触写道：

> 偶然间，我得到一些俄国玻璃制品和书籍，我认为即使对不懂俄语的人来说，了解一下15世纪以来精美玻璃

> 制品的制作过程也不无益处。现在，俄国玻璃制品厂都已收归国有，私人收藏不复存在，幸存下来的少数藏品就更具有研究价值……俄国人擅长雕花，总的来说，俄国人也喜欢鲜艳、明亮的颜色。我们在俄国玻璃制品厂的老账单上可以看到大量用于购买颜料的费用。

在伯希和的重要藏品中，有一些代表了他和玛丽亚娜的深厚感情，让人十分感动。在藏品目录显著位置上，有一个18世纪末纽伦堡三脚糖果盆，上面刻有两颗连在一起的心和一对在树下拥抱的恋人，旁边还有文字："Was hier in treuer liebe brennt, bleibt auch un tode ungetrennt."[1]

还有一些藏品体现了玛丽亚娜的爱国热情和思乡之情，它们大多来自巴克梅特夫玻璃厂和莫斯科斯丘金博物馆（Musée Stchoukin），上面雕有"神圣俄国"时期王公贵族肖像，如巴克莱·德·托利（Barclay de Tolly）、巴格拉基昂（Bagration）、戈多查夫（Koutouzov），或者伊丽莎白女王、叶卡捷琳娜二世女皇的纹章。有一只葡萄酒杯还上过俄国末代沙皇尼古拉二世的餐桌。

伯希和已经志得意满，学术研究和私生活满足了他所有需求。他不是亿万富翁，但这不妨碍他1930年初搬出瓦雷纳大街的住所，将藏品放入埃纳利博物馆（musée d'Ennery），

1 为忠贞的爱情粉身碎骨，永不分离，至死不渝。（原注）

伯希和院士。1921 年，巴黎。

玛丽亚娜 · 伯希和

并亲自担任博物馆馆长。埃纳利博物馆位于福煦大街五十九号，离布洛涅森林不远，馆内藏有很多来自中国的珍贵器物、书画和家具，堪称远东宫殿。在那里，伯希和虽然没有离开巴黎，但仿佛已经置身中国，置身北京，置身紫禁城内。可以说，伯希和是巴黎大资产阶级的典型代表，有教养，有学识，眼界开阔，知识丰富，懂得欣赏美好事物，过着特权阶层的生活，却不剥削他人。他是学界泰斗，发火动怒显得很正常，惩罚别人也毫不留情。伯希和是个脆弱的人，尽管他极力试图掩饰这一点。

伯希和大师达到了个人荣誉的顶点，也将自身的权威和别人的尊敬推向极致，只是依然难以忍受别人的批评，一如二十年前他刚从突厥斯坦返回法国，难以忍受法让耐对其发现成果价值的质疑那样。1929 年，伯希和与奥地利汉学家查赫（Erwin von Zach）发生激烈争执。查赫长期从事远东地区研究，对同行的研究成果态度苛刻。他在伯希和的译注里发现了逻辑错误和谬误，认为这些都是因“认识肤浅”以及“过于注重参考文献细节”而犯下“不可原谅的错误”。查赫是个让人生畏的论战者，他的评价暗指伯希和缺少综合能力和创造精神，只满足于自己过人的记忆力。

译注一字一句都马虎不得，因为每字每句都与整体相关，一旦译错，就会像病毒一样侵蚀整个肌体。例如汉语中的“dao”音，含义丰富多变，可以指“倒下”、“损坏”，即“倾倒”、“坏”，可以指“相反”，也可以指“创伤”、“失败”，还可以指“到达”、“完善”，当然还有“偷”、“悄悄地”之意，等等。

查赫与伯希和的争执恰恰出现在“dao”的最后一种可能性上。

敦煌藏经洞有一册粟特语卷子，末尾提到《因果经》。伯希和根据这一线索找到了这部经书的汉译本。书中有一个表达方式“盗骂”，伯希和翻译成“偷盗、咒骂”，并指出“盗”并非真正的“偷盗”。查赫提出了不同意见，认为这个词的含义应该是“偷偷地诅骂”。

两人的矛盾不断升级，虽然只是关于汉语词语的理解问题，但分歧已经十分严重。伯希和回答道：

> 查赫先生赋予了“盗”模糊的含义，却找不到任何参考文献加以佐证。这样的意见不值一提，查赫先生自己却先恼怒了。我相信，没有任何一本欧洲字典，也没有任何一本中国字典将“盗”解释为“偷偷地”……现在，查赫先生声称“盗骂”在佛教著作中“经常见到”，却依然无法提供任何例证。他援引的例子“盗铸”没有说服力，因为私铸钱币的行为是在欺瞒官府，因此可以用“盗”。《晋书》的“盗饮”当然指一个人从邻居家偷酒喝……这就是查赫先生唯一能举出的例子。实际上，如果非要将“盗骂”译为“偷偷地咒骂”（这有待考证），我倒觉得“窃骂”比较常见，也更符合这层意思……无论怎样，好的例

证总比谩骂强。

查赫不仅私下咒骂，还在莱茵河对岸的德国学术月刊《德国卫报》（*Die Deutsche Wacht*）上公然对伯希和发起攻击。这样的行径不可饶恕，伯希和做出了致命的还击：

> 在我们学术研究领域，研究工具如此贫乏，如此缺少权威，意见有分歧是很正常的事，谬误同样不可避免。近两年来，查赫先生不断向我挑衅，我都报以宽容……查赫先生似乎没有意识到，我的回应总是审慎而又有礼貌，其实我也可以直截了当地告诉他，他援引的例证都有断章取义甚至歪曲原意之嫌。查赫先生的愚蠢行为让自己在学术界威信扫地，他粗鲁的言行也降低了自己的人格。查赫先生将不会在《通报》上出现。[10]

就这样，查赫遭到“驱逐”，他将不复存在，将彻底消失。外界对伯希和再也不敢等闲视之。1932 年，伯希和代表教育部到法国远东学院视察工作，所受到的接待就很能说明这一点。

1932 年 10 月 21 日，伯希和抵达马赛后即给法国远东学院校长乔治 · 戈岱斯（Georges Coedès）发电报：“11 月 11 日抵槟城。”短短一句话，足以引起一连串反应。戈岱斯在河内，距离槟城两千五百公里，他委派学院联络员兰噶（Lingat）

到曼谷迎接伯希和："我委派您以学院名义前去火车站迎接，如一次不行，请去两次，以免错过。"兰噶见到伯希和后，转交了戈岱斯给他的信。在信中，戈岱斯表示很遗憾无法亲自前来迎接，因为"今年台风不断，广义、平定和平顺段'官道'被水淹没"。戈岱斯安排伯希和在曼谷会见了泰国国王兄弟、泰国国家博物馆创办人丹隆（Damrong）亲王。随后，伯希和乘火车来到柬埔寨边境，考古学家亨利·马夏尔（Henri Marchal）已经特意从吴哥赶到亚兰火车站迎候他。为防万一，马夏尔还备了一份路线图，以及征用车辆的官方文书。

伯希和在马夏尔的陪同下来到吴哥博物馆，受到友人维克多·格罗布（Viktor Goloubew）和乔治·特鲁维（Georges Trouvé）接待。格罗布是俄国贵族、杰出的考古学家，与伯希和关系亲密，彼此以"你"相称。伯希和的待遇可与古代中国皇帝特使周达观相提并论。他们向伯希和介绍了阇耶跋摩七世时期的巴戎寺和圣剑寺的修复情况。伯希和还参观了比粒寺和"女人的城堡"——女皇宫，当时马夏尔正负责女皇宫修缮工作。

伯希和继续进行国王般的旅程：在金边，有亨利·帕门蒂尔迎候他；在西贡，布朗夏尔·德·拉布洛斯博物馆全体人员都在等待他的到来。随后，伯希和来到会安省，也就是古代占婆国，克拉埃（J.-Y. Claeys）向他介绍占婆邦安加塔（Bang-an Cham）的最新修复工作，还带他参观了查乔馆（Tra-Kieu）和东阳馆（Dong-durong）遗址。当时关于如何采取保护措施的讨论正在现场进行着。伯希和参观完图伦博物馆后前往顺化，受到“古顺化之友”协会和卡迪耶神父接待。伯希和曾与卡迪耶神父一起整理皇家图书馆目录，还受到保大帝阮福晪接见。保大帝之父启定帝阮福昶从可怜的成泰帝阮福昭那里继承皇位，1925 年驾崩，保大帝遂登基。在河内，伯希和受到乔治·戈岱斯和法国远东学院全体学者的高规格款待，并应邀为学院新博物馆主持落成典礼。[11] 之后，伯希和启程前往中国和日本，这是行程的最后一站，也是高潮，为伯希和三十年的个人经历和东方学研究做了华丽的注脚。这是一次跨越时空的长途旅行。从这个角度讲，它和很久之前 13 世纪下半叶威尼斯人马可·波罗的东方之旅很像。那时成吉思汗刚死，周达观还活在世上。

伯希和平生爱读《马可·波罗游记》，书中描述了 1250—1270 年马可·波罗在亚洲的旅行。从 1904 年起，伯希和在《交广印度两道考》[12] 中开始将马可·波罗笔下描写的中国南部和自己掌握的汉文写本内容联系在一起。1918—1930 年和 1930—1936 年间，伯希和在法兰西公学教课，无数次提到威尼斯人马可·波罗写的这本书。[13] 伯希和的老师考狄在他之前进行过相关研究，完善了英国人玉尔（Yule）1926 年发表的译注。[14] 玉尔的版本不能作为最终参考，因为《马可·波罗游记》问世后获得巨大成功，流行于世的手抄本多达一百四十三种，内容多有不同。

1928 年，贝内德托（L. F. Benedetto）教授以国家图书馆“1116 法—意抄本”为依据，在佛罗伦萨发表新版本《马可·波罗游记》，从而做出了新的贡献。

> ……将其他版本的片段加进来，但主要内容来自他在米兰安布罗图书馆发现的拉丁语写本——18世纪塞拉达红衣主教保存的版本中的一部分。主教手中的版本更完整，可惜已不知去向。[15]

弗朗西斯科·萨维利奥·德·塞拉达（Francesco Saverio de Zelada）是佩特拉大主教、庇护六世教皇教廷国务卿和罗马教廷图书馆长，是一位伟大的书籍、钱币、勋章和古董收藏家。伯希和必须深入研究。为找到塞拉达主教收藏的版本，他和英国剑桥大学汉语教授穆尔（Arthur Christopher Moule）开始联手行动。他们一致同意委托杰出的收藏家、学者大维德爵士（sir Percival David）前往托莱多图书馆搜集材料。1927年，大维德从太监手中购得慈禧太后的收藏品，他本人因此出名。1933年，大维德找到了著名的塞拉达版本，他们的努力得到了回报。伯希和、穆尔收集齐了《马可·波罗游记》的完整版本，1938年发表该书英文版。[16]

伯希和跟当年的马可·波罗都经过喀什、敦煌以及河西走廊，进入中国腹地。他们都沿着长江前进，然后渡过长江。两人都喜欢中国，对中国进行过细致的描述。也许冥冥之中早已注定，有一天他们会通过托莱多图书馆塞拉达主教的藏本隔空相遇。伯希和为我们整理出马可·波罗在敦煌（他称之为“唐古忒”）留下的文字记载：

> 我们用三十天的时间走完这片荒原，便到达一个叫做沙州的城市。它隶属于大汗（指忽必烈汗）统治，是唐古忒省的一部分，当地人是偶像崇拜者。他们中有景教徒和撒拉逊人。那些偶像崇拜者有自己特殊的语言。这座城市位于东与东北之间。居民不从事商业，而主要从事农耕，此处盛产小麦。城中有许多寺院，寺中供奉着各种偶像。居民对偶像十分虔诚，常常祭以牲畜。[17]

第二次世界大战爆发时，伯希和正在法国，他对这场战争毫无准备。那年他已经六十一岁，不能再参军作战。1940 年，法军溃败。对于伯希和这一代打赢过第一次世界大战的法国人来说，这是莫大的羞辱。他最初拒绝承认失败。德国伊斯兰学家、蒙古史专家贝尔托德 · 斯普勒（Berthold Spuler）希望拜访他，他告诉对方："等我们赢得战争，我才有空见你。"在此之后，维希政府一位部长见到他，向他致意，他拒绝和对方握手。他接到德国和维希政府"文化合作"活动的邀请，向对方回复一张卡片，上面写着这样的话："丧期中，不接受邀请。"[18] 然而以上只是个人姿态。就在那一年，伯希和与其他公务员一样，必须做出祖上没有犹太人的书面声明。这样的要求实在恶毒，但伯希和在思想上仍然拒绝妥协。

1941 年春，伯希和公开支持东方学家阿尔贝 · 加布里埃

(Albert Gabriel) 加入法兰西公学，尽管当时此人是法西斯媒体攻击的目标。这一年的5月25日，伯希和在法兰西公学大会上发表讲话：

亲爱的同事们：

今天，有两个原因促使我推荐加布里埃先生。一是因为我对他和他的作品怀有敬意，第二个原因涉及面更广、意义更重要，关乎我们，也关乎他本人。因此，我先说第二个。

一段时间以来，一直存在着一股反对法兰西公学的潮流，我们对此不能再熟视无睹。以前，有人指责我们是犹太马克思主义；现在，有人说我们是共产主义。有人在巴黎和维希反复说，教授职位和相关人选只能由政府决定。在巴黎，在维希，他们反对我们推举的候选人。去年年底，巴黎一家报纸称，法兰西公学百分之七十的人都是共济会成员。如果这家报纸的编辑部愿意，它本有条件进一步了解情况，因为就在那段文字的下一页，有一篇法兰西公学教授署名的文章。那些和我一样在四十年前就已经对“卡片丑闻”深恶痛绝的人，发现今天又进入一个污蔑的时代，而且比以前有过之而无不及。如果政府了解真相，便会抵制这些恶意的控诉，因此我们必须让政府在法兰西公学问题上保持清醒。我们的先辈曾向国王发出呼吁，按照传统，现在我们应该提请国家元首注意。我在法兰西公学任教已有三十年，有幸担任选举委员会主席，这本也没什么值得骄傲的。今天，我以主席的身份发表讲话，并自认为代表了你们的心声……想继续留在公学里的人应该在自己面前，也在我们大家面前表现出自由和宽容的态度。也正是基于这一点，我们在座各位才得以加入公学。

诚然，新人申请加入公学时，我们不会盘问他的政治立场，也不会在意他的宗教派别。我们根据他的工作成绩进行判断，努力评估他加入公学后将能发挥多大作用。选举委员会人数众多，组成成分千差万别，能够避免学派之争和个人矛盾影响最后结果。公学历史悠久，但始终保持自由。回顾以往教授职位，入选之人都是我们的骄傲。

大家分属不同学术领域，可能都具有独特的创造精神和鲜明的个性，不可能像一个模子里倒出来的。对于这一点，有必要大惊小怪吗？诸位思考的问题不仅限于实验室和办公室范围内，世界观有所不同也属正常。一些人倾向于左派思想，但他们并非凭此而被我们接纳。同样，我们也不会因为穿着打扮而拒绝某个人。我们曾向博莱（Breuil）教士敞开大门，也看到政府不同意我们推荐的多明我会施尔（Scheil）神父，这不能算我们的错。

各派有各派的信仰。用勒南的话说，法兰西公学始终“以人为基础”。而事实是，我们这些“人”绝大部分从未想过参与政治，不管是左派还是右派。我们只是善良的法国人，只想安安静静地为人类认知进步和国家荣誉工作。由于他们喜欢沉默，外界忽视了他们，遗忘了他们。我认为，今天有必要在此强调一下。

现在我来说说要推荐的人，包括别人对他的指责。在维希，在巴黎，有人说加布里埃先生是共产主义分子，说他在伊斯坦布尔一个法、俄苏维埃小组里很活跃，还和当地政府保持着可疑的关系。这样的言论放在任何时候都是卑鄙的诬蔑，在当今时局下抛出并传播这些言论更是一种可耻的行径。加布里埃先生从未参与政治，也没加入过任何政党。他这一生只参加过两个组织，一个是奥布河畔巴尔消防员之友协会，另一个是法国考古学会。况且，佩德里泽蒂（Perdrizet）也加入了这个考古学会。我本人从不曾是共产主义分子、社会主义分子，或激进社会主义分子，也不是共济会成员。我不同意国民阵线的痴心妄想，甚至还说过这个党派可能给我们带来危险。我希望，如果我告诉大家我在伊斯坦布尔和加布里埃先生一起待过十五天，期间我们接触频繁，我不会因此也变成可疑分子。加布里埃先生工作勤奋，不世俗，天生喜欢批判。在伊斯坦布尔，这位所谓的共产主义分子用自己的名誉捍卫我们的教会学校。我敢保证，他从没产生过颠覆谁的想法。此外，我还亲眼看到他在土耳其学术界和政界享有怎样的权威。诽谤者也许会说，我在那里停留时间太短，观点有失全面。幸好我今天还带来一份更有说服力的证词，作者是时任法国驻土耳其大使夏尔·德·尚布伦（Charles de Chambrun）伯爵。他在驻土耳其使馆创建了伊斯坦布尔法国考古学院，而加布里埃先生曾经并将继续担任该考古学院首位院长。以下是德·尚布伦先生写给我的信：

（1941 年 5 月 16 日德·尚布伦先生的信，略。）

该说的就得好好说出来。现在，我回到常规介绍方式上：

加布里埃先生唯一与宗教有关的地方，就是他的名字和天使长（Gabriel）一样。在他所有可查的族谱中，父母双方的祖先都是香槟地区农民。[19]

那一年，加布里埃凭借个人资历和他人推荐，当选法兰学公学穆斯林东方艺术史教授。

1942 年 4 月，伯希和被捕，与其他几名法兰西学院院士一起被德国人关押在弗雷纳（Fresnes），前后历时数天。在狱中，伯希和不仅没有提到自己在西伯利亚的任务，也对参与抵抗运动只字未提。德国人的占领没有完全打断他的工作，但至少放慢了他的工作节奏。从 1940 年到 1945 年，伯希和很少发表作品。1943 年 11 月，社会学家莫里斯·哈布瓦赫（Maurice Halbwachs）拜访伯希和，希望伯希和支持他竞选法兰西公学教授。

我在电话里和伯希和约好了会面。那天上午，我前往位于福煦大街五十九号的埃纳利博物馆（在布洛涅森林旁边，紧邻比克大街。1903年至1907年第一段婚姻期间，我就住在比克大街）。我爬上两层楼，等了一会儿，伯希和才出来开门。伯希和是法兰西学院院士，中亚语言、历史和考古学教授。他是著名的探险者，从中亚带回不少好东西，其中一部分收藏在吉美博物馆。他身材魁梧，应该是洛林地区人，符合南锡人粗犷直率的风格。他头戴无边圆帽，脖子上围着围巾，有点伤风感冒，咳嗽个不停。他一上来就说自己不赞成法兰西公学吸纳年龄偏大的教授。"我们有过失败的经验。"伯希和本人三十五岁入选法兰西公学，已经在里面度过三十个年头。他看我有点张皇失措，又说："但您在其他方面有优势。"他还说，舆论认为我很可能接替西米昂（Simiand）的位置。我向他简单介绍了我的工作成果，然后他就说起别的事情："有莫斯的消息吗？[1]昨天晚上广播里说什么了？"我对他说，罗贝尔·考狄奥（Robert Gauthiot）是我儿时的伙伴。周日，考狄奥夫人开车带我们去参观吉美博物馆。伯希和与考狄奥很熟。1914年第一次世界大战爆发时，考狄奥正在西藏腹地。离开之前，我还委婉地提到他教授的课程和他的探险经历。他关上门，又打开门问我："拉布鲁埃讲的课

1 莫斯（Mauss）教授因为是犹太人而被取消教授资格。（原注）

多么无耻下流！[1]等战争结束后，我可要好好说道说道。”在我看来，拉布鲁埃是混在一群可敬的人中间的“垃圾”，这个称号配他很合适。我跟伯希和的交谈只持续了不到半小时。我觉得这次拜访完全流于形式，还发现年龄是伯希和考虑的决定性因素，估计他不会投票支持我。

第二天，托内拉（Tonnelat）在电话里告诉我，马西农（Massignon）与伯希和会支持我。我告诉他，我对投票程序有些担心。他回答说：“别着急。我现在很乐观，你可以踏踏实实等结果了。”一定发生了一些我不知道的事情。第二天，我去找托内拉，才得知伯希和明确表示支持我，“首先他很看重我，其次考虑到我的年龄，他想再给我几年教书的时间——这体现了对人的尊重”。[20]

1944 年 5 月 10 日，哈布瓦赫在岳父维克多 · 巴希（Victor Basch）和岳母艾琳（Helène）遭维希政府民兵暗杀几个月后，当选群体心理学教授。7 月 23 日，他被盖世太保逮捕。他在布痕瓦尔德又见到了马伯乐（Henri Maspero），两人都因参加抵抗运动被关进集中营，也都没能走出集中营。

1　亨利 · 拉布鲁埃（Henri Labroué），极端反犹太分子，彻头彻尾的投敌派，应犹太问题专员达尔基埃 · 德 · 佩雷博瓦（Darquier de Pellepoix）要求，于 1942 年 12 月 15 日在索邦大学开设犹太教历史课程。开课仪式遭到全体教师抵制和学生嘲弄，最后还发生了小规模冲突。1943—1944 学年，拉布鲁埃教授的大部分课程因没有学生听课而被取消。（原注）

伯希和对戴高乐将军和他领导的法国解放运动抱以很大热情。战争在法国还没结束，临时政府尚未得到美国正式承认。法国和英国企图保持殖民帝国地位，美国总统富兰克林·罗斯福对此充满敌意，并且丝毫不加掩饰。1945 年 1 月，戴高乐政府提出希望伯希和陪同法国前驻华大使保罗·埃米尔·那齐亚（Paul-Emile Naggiar）前往美国热泉（Hot Springs），出席关于殖民问题的国际会议。美国人提出分两步解放被统治民族，首先取消保护国，实现自治，旧殖民地接受国际组织托管，以便为独立创造条件。

伯希和代表法国在会上发言，强烈反对解放殖民地的提议：

> 说到依附于发达国家的落后民族和少数族群，就不应仅仅当他们在地理位置上远离宗主国时才讨论他们的独立问题。殖民地国家有少数族群，正如美国有占人口少数的印第安人和黑人。最近，法国任命了两名纯黑人部长……法国为黑人提供条件，使他们有足够的能力和责任感来担任国家高级公职。如果美国有比这更具有公民意义的例子，如果在华盛顿也有黑人国务卿，我们愿与美国重谈殖民问题。因此，到目前为止，我们不打算在这个问题上接受任何人的说教。[21]

伯希和除了把美国印第安人和黑人与殖民帝国统治下的人民和少数族群类比外，所谓的“落后民众和落后种族”是其论调中的核心概念。按照他的说法，有些民族可以自我管理，有些则不行。而且，有能力自我管理的民族应该对没能力的民族实施教化，直至他们获得解放，但何时获得解放却并不明确。伯希和这番言论是当时典型的殖民论调。伯希和强烈反对美国的主张，也许是因为1945年初法国仍掌控着非洲殖民地，但在印度支那却并非如此。越南、柬埔寨和老挝还被日本占领着，美国有意在战争胜利后把越南北部托管给中国，越南南部则由英国管理，然后实现自决。伯希和强烈反对这一计划。在当时的法国，包括法国共产党在内，也确实没有任何政治力量支持印度支那独立。

> 在印度支那，我们面对的不是没有文化的民众，这一点与黑非洲国家不同……我们应该尽力保护古老的文明，同时研究它在当今世界中的作用。这种情况下，则不应实施同化政策。因此，法国在安南的存在不是当地传统和文明延续的障碍，而是起到了保护和保障的作用。很多安南人有摒弃过去的倾向，然而我们不应该忘记，是法国当局做出很多努力，改变了印度支那大部分地区逐渐停止学习汉字的局面——不仅在汉字已濒临消亡的交趾支那，还包括东京和安南部分地区……[22]

伯希和认为印度支那有“古老的文明”，那里的人民不是没有文化的民族。他还声称法国在印度支那挽救了汉字的消亡，尤其是在东京和安南。言下之意，越南人没有能力保护自己的文化遗产。伯希和这样说，是为法国殖民政策进行辩解，也是为自己的考古研究寻找托词。无论是在顺化、北京，还是敦煌，伯希和的行径都成为保护当地古老文明免受“完全摒弃过去”趋势威胁的举动。

听到伯希和这些言论，诗人嗣德帝会怎么想，垂帘听政的慈禧太后会怎么想，对玄奘推崇备至的王道士又会怎么想？

7月，又是在同样的会议上，受德国投降和日本即将战败影响，伯希和的思想发生明显变化，跳出了原有的禁锢：

> 旧殖民体系和现有殖民形式不能再继续了，民族自治原则应该成为主流，只是有时候白人也会成为少数。比如在新喀里多尼亚（Nouvelle-Calédonie），如果美拉尼西亚人知道自己的人数，并充分认识到自身的力量，那么殖民地（现在不用“殖民地”这个词了，所以应该说“法属联邦”）各族群之间就很难自发形成平衡。在这种情况下，宗主国应该保持话语权。[23]

这一次，伯希和依然担任了御用政客的角色，但这是最后一次。伯希和昔日的战友、哥萨克阿塔曼谢苗诺夫在满洲里落入苏维埃之手。几个星期后的1945年10月26日，伯希和在玛丽亚娜怀中与世长辞，享年六十七岁。1946年8月29日，谢苗诺夫被处以绞刑。也许伯希和正是想到了谢苗诺夫，才翻译出以下蒙古皇后诃额仑说给儿子成吉思汗的话（伯希和死后才得以发表）：

> 从我热腹中出生时，握有一块凝血的你，如同撕扯肋骨的黑狗，如同冲向悬崖的凶鹰，如同愤怒暴跳的雄狮，如同活吞生灵的莽魔，如同自冲其影的猛禽，如同凶猛残暴的野兽，又如咬断羔驼脚跟的公驼，雨天猛扑羊群的饿狼！又如捕食幼子血肉的暴鹘，袭击邻里异群的豺狗！你这如狼如虎又如猛禽的孩子呀，我等影子之外无同伴，尾巴之外无甩鞭，为报泰亦赤兀惕欺辱我们之仇而愁思之时为何干出这等事来！[24]

问曰……牟子曰……

注 释

第一章

[1] 莱昂 · 都德著，*La vie orageuse de Clemenceau*，Albin Michel 出版社，1938 年。

[2] 《通报》（*T' oung Pao*）1900 年 7 月刊，第 408 页。

[3] 伯希和《1899 年的任务》（Mission 1899），《北京札记（1899—1901）》（*Carnets de Pékin 1899-1901*），巴黎国家印刷局（Imprimerie nationale），1976 年，第一册第 1 页。该文献为法兰西公学未刊资料。

[4] 杨亭圭（Duong Dinh Khue）《越南文学名著》，金莱印书馆（Kim Lai An-Quan），1966 年。

[5] 《越南文学名著》，黄高启致潘廷逢的书信。

[6] 同上。

[7] 《偶得》（Ngau Cam），杨亭圭《越南文学名著》。

[8] 伯希和与卡迪耶合著《安南国史料初探》（Première étude sur les sources annamites de l' histoire d' Annam），《法国远东学院学报》（*BEFEO*）第四卷，施耐德（F. H. Schneider）编著，1904 年（评注部分），河内，第 620 页。

[9] 出自李朝开国皇帝李公蕴的老师。

[10] 黎贵惇《群书考辨》。

第二章

[1] Henri Cordier, *Histoire général de la Chine*, t. IV, pp. 155-156, Paris, P. Geuthner, 1920.

[2] 《中国专栏》（Chronique Chine），《通报》1896 年 3 月刊，第 443 页。

[3] 考狄“中国革命”（La Révolution en Chine），《通报》1900 年 12 月刊，第 431 页。

[4] 《研究》（*Études*）杂志 1900 年 8 月 5 日刊，第 390 页。该杂志由耶稣会神父创办。

[5] 《研究》，1900 年 8 月 5 日刊，第 366、375 页。

[6] 《编年史》（Chronique），《通报》1900 年卷，第 439 页。

[7] 《研究》1900 年 8 月 5 日刊，第 366、375 页。

[8] 同上。

[9] *British Documents on Foreign Affairs-Reports and Papers from the Foreign Office Confidential Print*, vol. 24. Boxer Disturbances and Siege of Peking-University

Publications of America, 1994. Dispatch n°106-28/5/00-MacDonald to the Marquess of Salisbury n°7470/107.

[10] 伯希和《北京札记》，1900 年 6 月 12 日伯希和写给母亲的信。

[11] 同上。

第三章

[1] Paula von Rosthorn, *Errinerungen auf der Boxeraufstand März bis August 1900*, Vienne, Bohlau, 2001.

[2] 欧 · 吉拉尔（O. Girard）《法国与中国——中国古代人和现代人的社会生活和私生活及法国在远东地区的过去和未来》（*France et Chine, vie publique et privée des Chinois anciens et modernes, passé et avenir de la France en Extrême-Orient*），Hachette 出版社，1870 年，第 405 页。

[3] 伯希和《北京札记》，第 5 页。

[4] 1900 年 5 月 30 日，伯希和写给路易 · 菲诺的信。

[5] *British Documents on Foreign Affaires-Reports and Papers from the Foreign Office Confidential Print*, vol. 24. Boxer Disturbances and sieges of Peking (Regulation for Maintenance of Order in Chinese City)-Doc. 245, Undated Inclosure in Doc. 241. Dispatch N° 110-10/6/00-MacDonald to the Marquess of Salisbury N° 7506/120.

[6] 欧仁 · 达西《法国公使馆保卫战》（*La Défense de la légation de France*），1903 年，巴黎。

[7] 伯希和《北京札记》，第 11 页。

[8] 《通报》，1900 年 12 月刊，第 407 页。

[9] Rev. R. Allen, *The Siege of the Peking Legations*, Smith, Elder & Co, 1901.

[10] Rev. R. Allen 上引书。

[11] 伯希和《白莲教和白云宗》(La Secte du Lotus blanc et la Secte du Nuage blanc)，《法国远东学院学报》（*BEFEO*），1903 年，第 304 页。

[12] 同上，第 317 页。

[13] 同上。

[14] 同上。参见卍续藏本《释门正统》卷四。

[15] 伯希和《北京札记》。

[16] 欧仁 · 达西《法国公使馆保卫战》。

[17] 同上。

[18] 毕盛《战斗中》（*Dans la bataille*），Méricant 出版社，1908 年。

[19] 同上。

第四章

[1] 阿德玛·勒克莱尔（Adhemar Leclère）《柬埔寨史》（*Histoire du Cambodge*），巴黎：Paul Geuthner 出版社，1914 年，第 468 页。

[2] 埃米尔·塞纳尔《1900 年 6 月 22 日会议纪要》，《法兰西远东学院学报》，1901 年，第 46 页。

[3] 伯希和《扶南考》（Le Fou-nan），《法国远东学院学报》，1903 年，第 248—303 页。

[4] 伯希和《〈真腊风土记〉笺注》，《法国远东学院学报》，1902 年第二卷，第 123—177 页。

[5] 伯希和《〈真腊风土记〉笺注》，新版本，载《遗著》（*Œuvres posthumes*），阿德里安·梅森内夫（Adrien Maisonneuve）出版社，1951 年，第 11 页。

[6] 亨利 · 帕蒙蒂尔《解读吴哥》（*Guide d' Angkor*），金边：EKLIP 出版社，1960 年第三版，第 80 页。

第五章

[1] 引自福赛斯《在大漠流沙的废城上》（On the Buried Cities in the Shifting Sands of the Great Desert of Gobi），载《皇家地理学会会刊》（*Journal of Royal Geographical Society*）1878 年第 47 期；收入《丝路上的僧俗》（*Bouddhas et rôdeurs sur la Route de la Soie*），彼得 · 霍普柯克译，巴黎：Arthaud 出版社，1980 年。

[2] 《吕推的任务》（La Mission Dutreuil de Rhins），《画报》（*L' Illustration*）1895 年 3 月 8 日，第 191—194 页。

[3] 引自安德烈 · 巴罗（André Barreau）《西域佛国：丝路艺术一千年》（*Sérinde,Terre de Bouddha, Dix siécles d'art sur la Route de la Soie*），巴黎：la Réunion des Musées nationaux 出版社，1995 年，第 105 页。

[4] 《李默德书信》（Correspondance. Relation de M. Grenard (Mission Dutreuil de Rhins)），《通报》1895 年 3 月刊，第 239 页。

[5] 同上，第 246 页。

[6] 同上。

[7] 同上。

[8] 伯希和《给考狄的信，1907 年 3 月 23 日》，《通报》1908 年，第 292—293 页。

[9] Hiuan-tsang, *Memoires sur les contrees occidentals*, trad. Stanislas Julien, Paris, Imprimerie nationale, 2 vol., 1857-1858. [引文参见《大唐西域记校注》，北京：中华书局，2000 年，第 23 页。]

[10] Hoei-li et Ten Thsang, *Histoire de la vie de Hioun-tsang et de ses voyages dans l'Inde (629-645)*, tred. Stanislas Julien, Paris Imperimerie nationale, 1853. [慧立、彦悰著《大

慈恩寺三藏法师传》。]

[11] Hiouan-tsang, *Mémoires sur les contrée occidentals*, opus cité, p. 167. [引文参见《大唐西域记校注》，第 324 页。]

[12] *Si-yu-ki*, vol. II, livre XII, p. 226-227. [引文参见《大唐西域记校注》，第 1008 页。]

[13] *Si-yu-ki*, vol. II, livre XII, p. 234, traduction Julien dans son *Ancient Khotan*, vol.I, p.119, New York, Hacker Art Books, 1975. (Aurel Stein cite la traduction anglaise de Beal, p.315 *sq*.) [引文参见《大唐西域记校注》，第 1017—1018 页。]

[14] Aurel Stein, *Ruins of Desert Cathay. Personnal Narrative of Explorations in Central Asia and Western Most China*，Vol.2, London, Macmillan, 1912，p.15.

[15] 同上。

第六章

[1] 伯希和《在中亚》(*En Asie centrale*)，1910 年 11 月 8 日伯希和在诺曼底地理学会的讲座，法国鲁昂：Imprimerie Cognard 出版社，1910 年。

[2] 同上。

[3] 同上。

[4] 路易·瓦扬《伯希和考察队中亚地区地理考察报告（1906—1909)》(*Travaux géographiques faits par la mission archéologique d' Asie Centrale—Mission Paul Pelliot[1906-1909]*)，巴黎：法国国家出版社，1956 年，第 78 页。节选自《历史科学委员会地理学会学报》(*Bulletin de la Société de géographie du Comité des travaux historiques et scientifiques*)，1955 年。

[5] *Histoire de la vie de Hioun-tsang*, opus cité, livre V, p. 277. [引文参见《大慈恩寺三藏法师传》，北京：中华书局，1983 年，第 120 页。]

[6] 伯希和《考察笔记》(*Notes de voyage*)，见《伯希和考察队》(*Mission Paul Pelliot*) 第二卷，第 422 页。

[7] 路易·瓦扬《地理考察报告》第 98 页。

[8] 同上，83 页。

[9] 伯希和《考察笔记》第 427 页。

[10] 同上。

[11] 伯希和《考察笔记》第 428 页。

[12] 同上。

[13] 同上。

[14] Jacques Gies et Monique Cohen, *Serinde: Terre de Bouddha*, no 164, opus cité.

[15] 同上，n°165。

[16] 同上，n°166。

第七章

[1] 路易 · 瓦扬《地理考察报告》，第 85 页。

[2] *Si-yu-ki*, livre I, p.5 et 7, MIV43.《大唐西域记》第一卷。

[3] 伯希和《考察笔记》，见《伯希和考察队》第四卷（都勒都尔 · 阿护尔和苏巴什），巴黎：Editions Recherches sur les civilisations，1982 年，第 32 页。

[4] 同上。

[5] 伯希和《给埃米尔·塞纳尔的信》（Lettre à Émile Sénart），1907 年 4 月 25 日，《法国远东学院学报》第七卷，河内，第 209 页。

[6] 伯希和《考察笔记》（Notes de voyage），见《伯希和考察队》（*Mission Paul Pelliot*）第四卷，第 32 页。

[7] 伯希和《给埃米尔 · 塞纳尔的信》，1907 年 1 月 29 日。

[8] 伯希和《给埃米尔 · 塞纳尔的信》，1907 年 7 月 10 日。

[9] 伯希和考察队《考古资料》第八卷，库车地区所挖遗址，中亚和高地亚洲研究中心，1987 年，第 67 页。

[10] 西尔万 · 列维《亚洲学报》（*Journal Asiatique*）第二卷，1913 年，第 311 页。

[11] G. J. Pinault, Drame bouddhique koutcheen, in *Sérinde Terre de Bouddha. Dix siècles d' art sur la Route de la Soie*, n°35, Paris, RMN, 1995.

[12] 路易 · 瓦扬《地理考察报告》，第 90 页。

[13] 同上，第 91 页。

[14] 伯希和《在中亚》。

第八章

[1] *Histoire de la vie de Hioung-tsang*, opus cité, p. 32. [译文参见《大慈恩寺三藏法师传》，第 19 页。]

[2] 同上。[译文参见《大慈恩寺三藏法师传》，第 20 页。]

[3] 路易 · 瓦扬《地理考察报告》，第 94 页。

[4] 路易 · 瓦扬《地理考察报告》，第 113 页。

[5] 伯希和《敦煌千佛洞》（*Les Grottes de Touen-Huang*），巴黎：Paul Geuthner 出版社，1914 年，第一卷，第 5 页。

[6] 路易 · 瓦杨《地理考察报告》，第 114 页。

[7] 伯希和《在中亚》，第 28 页。
[8] 路易·瓦扬《地理考察报告》，第 94 页。
[9] 伯希和《敦煌千佛洞》，第一卷，第 5 页。
[10] 伯希和《给埃米尔·塞纳尔的信》，千佛洞，1908 年 3 月 26 日，《法国远东学院学报》第八卷，1908 年，第 503—504 页。
[11] 同上，第 502 页。
[12] 伯希和考察队《伯希和敦煌石窟笔记》（*Grottes de Touen-Houang, Carnets de notes de Paul Pelliot*）第 11 卷，巴黎：亚洲研究所，1981 年，第 21 页。
[13] 同上。
[14] 伯希和《给埃米尔·塞纳尔的信》，1908 年 3 月 26 日，《通报》。
[15] 同上。
[16] 同上。
[17] Monique Cohen, *Chronique tibétaine*, in *Sérinde* n°148, opus cité.
[18] Monique Cohen, *Prière de caravanier tibétain*，in *Sérinde* n°148, opus cité.
[19] Michel Garel, *Prière d' indulgence en hébreu*, in *Sérinde* n°148, opus cité.
[20] Monique Cohen, *L' Éloge des 108 noms d' Avalokiteçvara*，in *Sérinde* n°38, opus cité.
[21] in *Sérinde* n°32, opus cité.
[22] in *Sérinde* n°204, opus cité.
[23] in *Sérinde* n°205, opus cité.
[24] Monique Cohen, *Les Âmes renaissantes*, in *Sérinde* n°32, opus cité.
[25] Hélène Vetch（魏普贤）, *Lettre de l' emprereur de Khotan au commissaire militaire de Shazou*）, in *Sérinde* n°28, opus cité.
[26] 伯希和《给埃米尔·塞纳尔的信》，第 511 页。

第九章

[1] 《通报》，1908 年，第 716 页。
[2] 同上。
[3] 《殖民报》（*La Presse coloniale*）1910 年 5 月 24 日。
[4] 《土著杂志》（*La revue indigène*）1910 年 3 月。
[5] 《殖民报》1910 年 5 月 26、27 日。
[6] 《时报》（*Le Temps*）1907 年 8 月 11 日。
[7] 《通报》，1911 年，第 164 页。
[8] L. Michaud 出版社 1909 年出版。

[9] 《亚洲学报》，1910 年 5—6 月，第 572 页。

[10] 费尔南 · 法让耐《汉学研究》（Études sinologiques），载《中国回声》（*L' Echo de Chine*）1901 年 8 月 25 日，9 月 1 日、8 日。

第十章

[1] 伊安 · 汉密尔顿《加里波利日记》（*Gallipoli Diary*）第一卷，伦敦，1920 年。

[2] 叶理绥 (Serge Elisseef)《伯希和 (1878-1945)》，手稿，法兰西公学档案，"伯希和" 34 号。

[3] 戴何都（Robert des Rotours）《伯希和》，载《华裔学志》第 12 卷，1947 年，第 266—271 页。

[4] 伯希和《〈蒙古秘史〉笺注》是对一至六章的文本复原和法译，载《遗著》，巴黎：阿德里安 · 梅森内夫（Adrien Maisonneuve）出版社，1949 年。

[5] 迈克尔·卡利 (Michael Carley)《革命与干预——法国政府与俄国内战》(*Revolution and Intervention: the French Government and the Russian Civil War*)，麦吉尔大学出版社，1983 年，第 15 页。

[6] 同上，第 10 页。

[7] 战争部关于对俄采取措施的电报，1917 年 11 月 30 日，法国陆军档案，机密。Dossier 16 N 3024. Sorties 3e BGA n°53. 11 813 BS/3. 机密。

[8] 法国先遣部队三处和外交部电报。(16 N 3024. Sorties 3e BGA n°53.7726. Piece annexe n°1. MAE n°50.)

[9] 法国先遣部队三处关于谢苗诺夫的电报。(16 N 3023. Sorties 3e BGA n°48.3088. Note au sujet du capitaine Semenov BS/3-16/2/18.)

[10] 法国先遣部队三处关于东西伯利亚"谅解行动"的电报。(16 N 3023. Sorties 3e BGA n°48.3089/BS/3. Note sur l' action de l' Entente en Sibértie orientale.)

[11] 法国先遣部队三处密电：总理兼战争部长发给外交部的密电，福煦签署。(16 N 3023. Sorties 3e BGA n°48. 3089/BS/3. Message du President du Conseil, Ministre de la Guerre au MAE, signe par Foch. Secret. 3689BS/3 confirme le 6/3/18. 3920 BS/3.)

[12] 法军先遣部队三处电报。(16 N 3024. Sorties 3e BGA n°53. 7726. Pièce annexe no 5. Télégramme du 13/5/1918.)

[13] 同上。

[14] 法军先遣部队三处电报。(16 N 3024. Sorties 3e BGA n°53. 7726.)

[15] 法军先遣部队三处密电。(16 N 3024. Sorties 3e BGA n°7609BS/3 Secret.)

[16] 法军先遣部队三处电报。(16 N 3024. Sorties 3e BGA n°53. 7726BS/3 Pièce

annexe no 5.)

[17] 17N596. D.4.C.3. 财政表单（Comptabilité financière）。3e BGA. 驻华武官发给战争部长的密码电报。15.8.18.

[18] 17N596/E. M. Omsk, 15/2/19 n°226.6 23 D1.

[19] 前引伯希和《〈蒙古秘史〉笺注》。

[20] 法军先遣部队三处电报。(16 N 3026. Sorties 62. 13285 BS/3 3e BGA，关于协约国军在俄军事方位。)

[21] 法军先遣部队三处电报。(16 N 3025. Sorties 59. 11805 BS/3 3e BGA，关于远东军事行动。)

[22] 法军先遣部队三处电报。(16 N 3026. Sorties 68. 14892 BS/3 3e BGA Pres. Cons a MAE [Direction des Affaires politiques]4/12/18.)

[23] 法军先遣部队三处密电。(16 N 3027. Sorties 72 108 BS/3 3e BGA Pres. Cons a MAE 4/1/1919. Secret.)

[24] 法国驻西伯利亚武官处档案。(17N592. Mission Militaire Francaise en Sibrie. Carton no 1. Dossier no 1. Controles du Perssonnel[1918-1920].)

[25] 16N3027. Sorties 77. 2171 BS/3 法国总理发给外交部的电报。内容：1919 年 3 月 1 日，联军谢苗诺夫部开拔奔赴贝加尔湖以东地区。

[26] 前引伯希和《〈蒙古秘史〉笺注》。

第十一章

[1] 《通报》第 19 卷，3—5—7 月和 10—12 月，1918—1919 年。

[2] 伯希和《考狄（1849—1925）》，载《通报》第 24 卷，1926—1927 年。

[3] *Méou-tseu ou Les doutes levés*, 伯希和译注，载《通报》29 卷，1920 年，第 255—433 页。

[4] *Méou-tseu ou Les doutes levés*, p. 289.

[5] 同上，292 页。

[6] 同上，298 页。

[7] 伯希和《考狄（1849—1925）》。

[8] 法国远东学院，伯希和档案，第 149 卷，第 98 页。

[9] 玛丽亚娜《老玻璃品》(*Verres anciens*)，巴黎和布鲁塞尔：G. Van Oest 出版社，1929 年。

[10] 伯希和《查赫先生》(Monsieur E. von Zach)，载《通报》第 26 卷，1929 年，第 367—378 页。

[11] 《法国远东学院学报》第 33 卷，1933 年，第 417—418 页。另见法国远东学院的

伯希和档案，第 98 页。

[12] Deux itinéraire de Chine en Inde à la fin du VIIIe siècle, *BEFEO*, 1904.

[13] 伯希和《马可 · 波罗游记注释》(*Notes on Marco Polo*)，韩百诗作引言，巴黎 ：Adrien Maisonneuve 出版社，1959 年。

[14] 亨利 · 玉尔《马可 · 波罗游记译注》，第三版参考考狄的最新发现加以修正。

[15] 前引伯希和《马可 · 波罗游记注释》。

[16] 穆尔与伯希和先后联名出版《马可 · 波罗游记校注》英、法文版。韩百诗所编法文版，两卷，La Decouverte/Poche，1998 年。

[17] 《马可 · 波罗游记》第 1 卷，第 142 页。

[18] 丹尼斯 · 塞诺《忆伯希和（1878—1945)》，《伯希和传》，印第安纳大学出版社，2001 年，第 30 页。（中译本参见《丹尼斯 · 塞诺内亚研究文选》，北京 ：中华书局，2006 年，第 402—415 页。）

[19] 法兰西公学伯希和档案手抄本，C-XII P. Pelliot 34。

[20] 莫里斯 · 哈布瓦赫《我在法兰西公学的竞选》(Ma campagne au Collège de France)，《人文学史期刊》(*Revue d'histoire des sciences humaines*) 1999 年第 1 期，第 189—229 页。

[21] 罗歇·列维《伯希和与外交政策》(Paul Pelliot et la politique étrangère)，《外交期刊》(*Revue de politique étrangère*) 1945 年第 3 期，第 212 页。

[22] 同上。

[23] 同上。

[24] 前引伯希和《〈蒙古秘史〉笺注》，第 78 页。

译后记

读书靠缘分，译书同样靠缘分。与《伯希和传》相遇是在 2008 年，当时我在法国马赛已经工作了五个年头，思乡返乡之情日浓，正一门心思准备收拾行囊回国，却恰巧在住所附近的书店看到这本书。由于之前计划翻译太阳王路易十四传记未果，心中对历史人物传记类作品久久不能释怀，《伯希和传》的封面立即成功捕获我的眼球。说实话，我当时并不知道原书封面上这位坐在两个中国古代官员中间的洋人是何方神圣，更不知道他背后隐藏着怎样的故事，只是隐隐觉得，这也许是个在中法两国交往史中发挥过重要作用的人物。于是当即买下，带着它返回国内。

由于一些我至今仍百思不得其解的原因，最初中方购买该书版权时遇到不少困难，法国出版商似乎并不愿意看到有人把这本书译成中文并介绍给中国读者。时间转眼就到了 2013 年，直至理想国的马希哲编辑和他的同事们以诚意打动法国同行，我才得以着手翻译伯希和。从买书到开始翻译的五年间，我时常拿出这本书翻看，心中总有一丝失落。五年后这本书在我手中失而复得，自然欣喜过望。

我虽有百分热情，却招架不住法文原文中比热情更多的“钉子”，翻译工作进展并不像我想象的那样顺利。伯希和异常丰富的个人经历和书中涉及到的中外历史背景、众多历史人物及地名经常让我痛不欲生。翻译过程中的几多艰辛，几多磨难，恐怕只有我自己能够体会。可以说，这本《伯希和传》是我翻译过最折腾人的一部作品。在此，还要感谢理想国对我的宽容和忍耐，因为直到 2015 年上半年，《伯希和传》译文才在我手中基本定稿。

伯希和天资过人，一生努力勤奋，曾在西方汉学界占据不可比肩的位置，为西方世界认识和了解中国做出了不可估量的贡献。但一代大师终究也是人，性格上有常人无法理解的怪异之处；他身处学界漩涡中，摆脱不了世俗凡尘的纷纷扰扰；他服务于特定国家机器，其行为必定不会有利于其他国家和民族。人都是复杂立体的，如伯希和般的历史人物更是如此。学界泰斗也好，江洋大盗也罢，审视他的角度不同，对他的观点和立场自然也不尽相同。对中国人而言，研究伯希和还会掺杂进民族感情等因素。怎样客观评价伯希和？这个问题我在开始翻译之前就已经在思考，但时至今日，我仍然无法给自己一个满意的答案。翻译工作结束了，问题却一直萦绕在心头。也许，只能等读者给出自己的答案了。而我能做的，也只是期盼自己的民族不再因羸弱而遭受凌辱，人类社会不再因弱肉强食而显得那么残酷。

翻译是理性思维，还是感性思维？或者是两者兼有？在我心中，答案似乎也不甚明确。在我与伯希和的缘分即将暂时告一段落之际，我写了上面这些话，显然感性成分多于理性成分，其目的是想让读者从侧面了解这本书在呈现给大家之前经历了怎样的过程，我在翻译期间又有过哪些心理起伏，希望借此在读者心中形成一个立体的印象。由于自身翻译水平有限，历史知识更是匮乏，书中难免有谬误，恳请各位读者不吝批评指正。

感谢彭友钧先生和顾杭先生拨冗通篇核校，感谢老友逯飞提出的中肯意见，感谢尹磊先生、韩周敬先生、李文杰先生、王楠女士、朱琺先生，以及那些我没有直接取得联系，但亦对我的翻译工作提供过帮助的朋友们。

谨将此译文献给我的 2013 年。

一梧

2015 年 10 月于马达加斯加